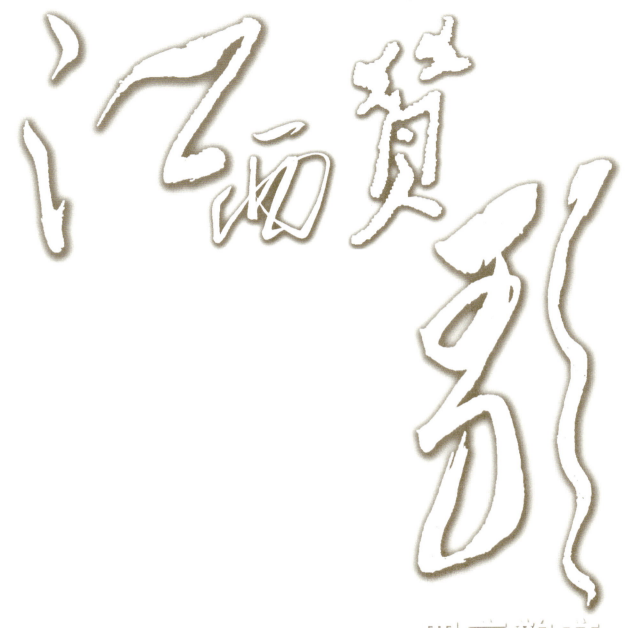

江西剪影

四言韵文

周銮书 ◎ 著

江西出版集团
江西教育出版社

目录

四言韵文

自然环境

江西之形　犹如头像
山河壮丽　万千气象
西傍罗霄　东倚武夷
北靠幕阜　南依大庾
中多丘陵　盆地接壤
向北倾斜　平坦宽敞
修抚信饶　聚集鄱阳
淡水湖泊　全国居长
唯独赣水　纵贯中央
北出湖口　流入长江
气候温和　冬暖夏凉
雨水充沛　多晴少霜
四千万人　繁衍兴旺
民风勤劳　淳朴刚强

悠久历史

江西文明　起自夏商
史前文物　仙人洞藏
吴城遗址　方国模样
青铜宝器　聚集大洋
时吴时楚　强邻战场
九江建郡　始于秦皇
吴芮举兵　追随刘邦
刘汉代秦　设郡豫章
分县十八　筑城南昌
孺子徐稚　隐居南塘
陈蕃下榻　尊礼贤良
都督周瑜　柴桑练兵
联刘抗曹　火烧赤壁
晋置江州　疆土开辟
中原战乱　军民逃离
传入南方　先进农艺
江南西道　始于李唐
简称江西　渐有名望

天宝之乱　永王被杀
北人南迁　延续百年
开垦荒山　创建书院
御史周矩　筑陂禾川
槎滩碉石　溉田六万
赵宋之世　境内和祥
辽金南侵　变生靖康
蒙元攻宋　天祥抵抗
慷慨捐躯　千古流芳
元末政乱　群雄争攘
朱陈大战　挫败友谅
章江门内　宁王所居
韬光养晦　潜心著述
宸濠夺权　军败命丧
农民造反　抗租抗粮
桶冈农寨　阳明镇压
南赣一隅　罹受祸灾
谭纶抗倭　史称谭戚
官民抗清　鏖战吉安
女杰淑英　与敌周旋
寡不敌众　避祸尼庵
宁都三魏　蔑视朝纲
九子相聚　讲学易堂
翠山七贤　隐入林莽
英人侵华　贩卖鸦片
黄氏爵滋　首议禁烟
太平军兴　苦战湘军
七百万众　惨遭牺牲
福王突围　被擒石城
天津条约　九江开埠
洋货倾销　百业残破
武昌首义　江西响应
湖口举旗　二次革命
五四运动　传播马列
工人罢工　萍乡首发
一九二四　江西建党
北伐战争　军阀败亡

八一起义　打响头枪
恩来挂帅　始有武装
秋收暴动　指挥得当
泽东率师　联络袁王
朱毛会师　经营井冈
彭黄来会　左右臂膀
四军挥戈　开拓南疆
五次反剿　四胜一伤
红军长征　北上抗日
志敏先行　进攻苏皖
余部滞敌　游击粤赣
国共合作　庐山会商
长期抗战　日本投降
三年内战　江西解放
一九四九　揭开新篇
全省上下　先建政权
剿匪斗霸　缴烟灭毒
扫黄反贪　禁嫖抓赌
分田分地　农民翻身
各行各业　百废俱兴
大小工厂　雨后春笋
国产飞机　洪都首功
共青羽绒　覆盖西东
修堤筑坝　水利工程
灌田发电　万安柘林
三中全会　发展经济
改革开放　实事求是
省会南昌　辐射四方
敞开南门　面向粤港
畅通北港　直达沪杭
东连西接　闽浙鄂湘
大力经营　昌九走廊
工业园区　招商引资
建设项目　六大支柱
航空电子　冶金建材
食品医药　前途广阔
农业优势　继续发扬

以粮为本　庭院种养
林草牧渔　责任承包
剩余劳力　远输京广
通讯设施　全省遍布
高速公路　四横三纵
沉船堵口　历代少有
良好植被　竭力保护
田园诗歌　山水画图
江南花园　天下所无
红绿古色　吸引游客
中部崛起　齐心协力
科技领先　教育奠基
后来争上　急起直追
小康安宁　和谐富裕
前景辉煌　社会主义

物华天宝

江西幅员　略同台闽
资源大省　物产丰盈
一水六山　二分耕地
盛产稻谷　充满仓廪
五大山区　遍布森林
松梓檀柏　柳杉银杏
四千物种　极多珍品
全境植被　超越六成
省树香樟　省花红映
动物类别　八百余名
牛羊遍野　鸡鸭成群
秋鳜冬鳊　春鲢夏鲤
板鸭板鸡　香菇板栗
油桐油茶　猕桃柑橘
白莲百合　甘蔗葛根
宁红婺绿　云雾狗牯
四特高粱　冬酒麻姑
进贤羊毫　婺源龙尾
矿产丰盛　一百余种
铜钨钽铀　金银稀土

景德陶瓷 河口纸张
樟树药材 吴城商帮
米市茶市 九江集散
江右商人 遍及川黔

人杰地灵

澹台灭明 游学吴楚
江西子弟 从此读书
湛氏郑氏 教子贤母
陶侃愤发 八州刺史
陶潜弃官 归去来辞
桃花源记 寄意遐思
醉酒吟唱 田园之诗
龙虎山旁 道陵修行
简寂观里 修静编经
许逊治水 斩杀蛟龙
百姓怀念 遍筑寿宫
东林慧远 莲宗之祖
派称净土 东瀛推崇
青原行思 传禅曹洞
马祖道一 讲法宝丰
由隋至清 进士万人
半百状元 九十宰臣
神童晏殊 十四登科
善撰词章 兴办教育
文朱欧王 出类拔萃
散文八家 三在吉抚
文史兼优 永叔子固
荆公变法 学以致用
朱熹讲学 白鹿洞内
朱陆争辩 鹅湖寺中
文山正气 神州传颂
册府元龟 类书津梁
江西诗派 庭坚首创
诚斋诗风 清新流畅
姜夔之词 音律无双
文献通考 典章精详
岛夷志略 记述远航
永乐大典 解缙担纲
汤氏显祖 情倾四梦
宋氏应星 天工开物

八大山人 哭笑画坛
雷氏发达 建筑宫苑
园林掌案 七代相传
蒋氏士铨 蜚声梨园
流风余韵 竟及光宣
陈氏散原 同光诗体
其子寅恪 国学大师
詹氏天佑 铁路之父
吴氏宗慈 倾注省史
黄氏远庸 评论高手
胡氏先骕 植物分类
吴氏有训 献身科技
邹氏韬奋 媒体巨擘
熊氏佛西 编演戏剧
傅氏抱石 革新国画
梅氏汝璈 执法东京
郭氏大力 译界骑士
黄氏家驷 精通西医
赖氏传珠 陈氏奇涵
更有萧华 捷报频传
主席亲授 上将军衔
贺氏子珍 巾帼英雄
李氏井泉 许氏德珩
余氏秋里 康氏克清
四位先行 历尽艰辛
国家领导 开国元勋
青年学子 名列前榜
文艺先锋 屡捧大奖
体育健儿 勇摘桂冠
白衣战士 送走瘟神
江西文化 博大精深

风光景观

江西旅游 前途无量
自然人文 相得益彰
名胜古迹 遍布城乡
先哲名贤 为国争光
十位大师 纪念有馆
万部文集 尽情观赏
建军圣地 豫章故郡
周朱率军 与民同住

江西旅社 指挥大营
八一高塔 起义标志
巍巍井冈 革命摇篮
八角灯光 星火燎原
大井小井 茅坪茨坪
五大哨口 铁壁铜屏
红都瑞金 苏区中心
沙洲叶坪 发号施令
四山一湖 蔚为大观
匡庐奇秀 甲天下山
五老环峙 三叠飞泉
东林虎溪 秀峰龙潭
白鹿濂溪 醉石桃源
牯岭别墅 玉宇高寒
文化景观 世界遗产
石钟天险 泰山敢当
东坡探秘 内虚外刚
北控皖鄂 南锁闽粤
兵家必争 湖口之域
烟水浸月 亭翼甘棠
琵琶一曲 千古绝唱
彭泽龙宫 怪石嶙峋
钟乳欲滴 如灯高悬
秋水长天 落霞孤鹜
扁舟帆影 一叶归渔
芦洲荻港 候鸟呼雏
黄鹤黑鹳 漫天飞舞
龙山虎山 魔井大钟
仙岩水岩 云锦屏风
金枪玉女 七星凌空
象山马岩 百鸟朝凤
青溪碧流 赤崖丹枫
宋明画卷 丹青难穷
峭壁悬棺 千年迷踪
上清古镇 夏言荒冢
弋阳圭峰 山峦出众
妙景丛积 互不雷同
巨石三叠 天现一缝
自然盆景 剔透玲珑
云际三清 岩石奇异
神蟒昂首 仙女凝睇

千层石级 明代遗迹
清奇灵秀 唯其兼备
赣州八境 台阁巍峨
章贡合流 宋城高耸
拜将台上 诗书朗诵
郁孤台下 江水淙淙
文武二庙 前呼后拥
福寿双沟 八达四通
通天岩里 石佛端拱
山环水抱 气势恢宏
宁都翠微 突兀苍穹
金精胜概 岩穴烟笼
梅岭雄关 古道盘松
南枝竞秀 萼绿梅红
寻乌安远 山泉喷流
直下东江 滋润港九
吉州白鹭 书院胜址
风月云章 庐陵才子
永和窑藏 山丘相似
其数几何 二十有四
碧草连天 武功山巅
太阿龙泉 丰城古剑
赣式民居 牙檐峥嵘
富商显宦 豪宅云从
客家围屋 坞堡传统
徽派建筑 傅粉美容
乐安流坑 天下所宗
千古第一 应以为荣
景德古镇 世界瓷都
明清御窑 珠山龙阁
瑶里高岭 原始古朴
西山南浦 朝云暮雨
滕王高阁 俯临江渚
孺子亭前 高风仰慕
笙歌盈耳 朱权王府
赣江东岸 娄妃之墓
百花洲畔 游人如堵
观光胜景 目不暇接
日丽风和 地灵人杰
2005年6月初稿
2006年2月定稿

江西之形 犹如头像
山河壮丽 万千气象

西傍罗霄 东倚武夷
北靠幕阜 南依大庾

■ 江西古称"吴头楚尾，粤户闽庭，形胜之区"，位于北纬二十四度二十九分十四秒至三十度四分四十一秒、东经一百一十三度三十四分三十六秒至一百一十八度二十八分五十八秒之间，在中国长江中下游的南岸，东邻闽、浙，南连广东，西接湖南，北界皖、鄂。唐朝杰出诗人王勃在《滕王阁序》中曾说它"襟三江而带五湖，控蛮荆而引瓯越"，概括地指明了江西重要的战略地位和区域优势。

■ 全省地形东西略窄，南北较长，据有十六万多平方公里，颇像一位男士侧面头形。全境三面环山，一面临水，可谓山水环抱，气势不凡。江西地貌，以山地、丘陵为主，平原、河川为辅。边境四周环山，山体由变质岩、花岗岩组成。东部边境自北向南为黄山余脉、怀玉山、武夷山。武夷山为赣、闽两省边界，主峰黄岗山，海拔二

千一百五十八米，为江西最高峰。南部大庾岭、九连山绵亘于赣、粤两省边境，主峰黄牛石，海拔一千四百三十米，是赣江与东江、北江的分水岭。西部赣、湘边境为罗霄山脉，海拔也多在千米以上，最高的山峰达二千一百余米。西北部的幕阜山，处于赣、鄂、湘三省交界，北面濒临万里长江。群山中井冈、匡庐、三清、龙虎，称"四大名山"，雄峻高逸，清奇灵秀，为风景名胜之区。井冈山是中国工农民主革命的圣地，称"天下第一山"；庐山荣获"世界文化景观"称号，受到世界人民的共同保护；三清山、龙虎山具有"世界自然和文化遗产"的必备条件，正积极申报列入《世界遗产名录》。

■ 省境四周山地的内侧广大地区，多为低山、丘陵、岗阜，与大小溪谷、盆地相互交错，丘陵属红色岩系，海拔一般在二百米至六百米之间，历来有"红色丘陵"、"红

江西省地形图

赣鄱大地

中多丘陵　盆地接壤
向北倾斜　平坦宽敞

色土地"之称。全省地势南高北低,四周向中间倾斜,丘陵相望,盆地接壤,较大的有吉泰盆地、赣州盆地、信丰盆地、兴国盆地、瑞金盆地、南丰盆地、弋阳盆地等。中部地区渐趋平缓,北部舒展开旷,著名的为赣抚平原、鄱阳湖平原。这种地势,使全省的山谷溪流,从东、南、西三面顺势而下,汇成赣、抚、信、修、饶等江河,全部聚集于鄱阳湖。山、江、湖一体的风貌,形成江西奇异秀丽、雄伟壮观的独特景色。

从长江远眺幕阜山

罗霄山脉武功山

武夷山主峰黄岗山

九连山原始森林

修抚信饶 聚集鄱阳
淡水湖泊 全国居长

唯独赣水 纵贯中央
北出湖口 流入长江

■ 修水，发源于赣西北的修水县幕阜山南麓，经修水、武宁、永修，与潦河汇合，至吴城镇流入鄱阳湖。抚河，由其上游的盱江、宜黄水等汇流而成，经南昌流入鄱阳湖。信江，发源于武夷山、怀玉山，流经玉山、广丰、上饶、资溪、贵溪、横峰、弋阳、余干、鄱阳、进贤诸县，进入鄱阳湖。饶河，即乐安河，发源于婺源、德兴的五龙山、鄣公山，经浮梁、乐平、鄱阳流入鄱阳湖。上述四河，为鄱阳湖重要水系。

■ 鄱阳湖由古代彭蠡泽演变而来，浩瀚无际，最深处达十余米，面积三千八百六十平方公里，洪水季节达五千一百平方公里，蓄水三百六十三亿立方米，是我国第一大淡水湖。鄱阳湖四周的冲积平原，约二万平方公里，尤以近湖地区，平缓舒展，港汊纵横，草洲滩地成片，池沼稻田相连，鄱阳湖位于中央，为著名的"鱼米之乡"。

■ 赣江，东支章江，发源于赣东南寻乌、安远、石城、瑞金、会昌诸县的武夷山脉西麓；西支贡江，发源于赣西南的大余、崇义等县的五岭山脉北麓。章江、贡江向北流至赣州汇合，遂称赣江，再经赣县、万安、遂川、泰和、吉安、吉水、峡江、新干、樟树、丰城、南昌等县，纵贯江西全省，进入鄱阳湖，由湖口注入长江，东流至海。

鄱阳湖

湖口——江湖汇流的地方

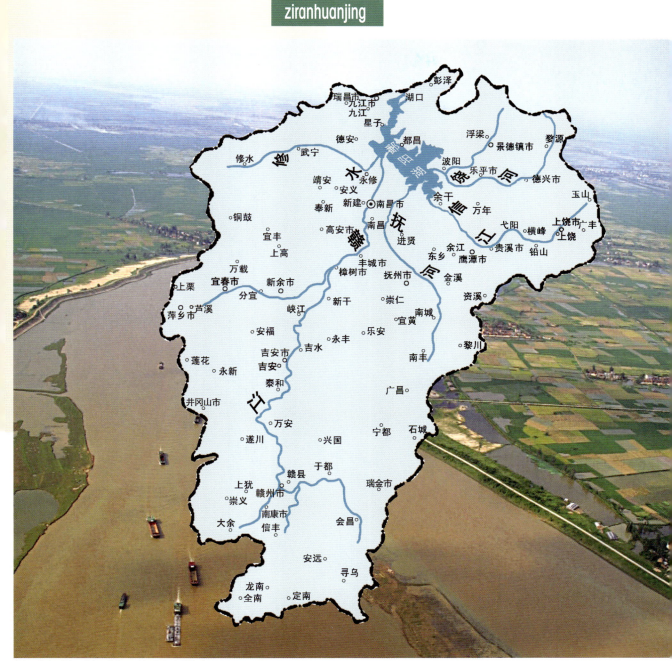

彭泽
瑞昌市　九江市　湖口
九江
星子　都昌
德安　浮梁　景德镇市　婺源
修水　武宁　波阳　德兴市
靖安　安义　永修　乐平市　玉山
奉新　新建　余干　万年　上饶市
铜鼓　宜丰　高安市　南昌市　进贤　贵溪市　上饶
宜丰　南昌　抚州市　弋阳　横峰　广丰
上高　丰城市　余江　鹰潭市　铅山
万载　新余市　樟树市　东乡　金溪
宜春市　新干　抚州市　资溪
上栗　分宜　崇仁　南城
萍乡市　芦溪　峡江　永丰　宜黄　黎川
安福　新干　乐安　南丰
莲花　吉安市　吉水
永新　吉安　泰和
井冈山市　广昌
万安　宁都　石城
遂川　兴国
赣县　于都
上犹　赣州市　瑞金市
崇义　南康市　会昌
大余　信丰
安远　寻乌
龙南
全南　定南

赣江、修水、抚河、信江、饶河五大河流汇归鄱阳湖

赣水苍茫

年平均气温

年降水量

时 间	户 数	口 数
西汉平帝元始二年（公元 2 年）	六万七千四百六十二	三十五万一千九百六十五
东汉顺帝永和五年（公元 140 年）	四十万六千四百九十六	一百六十六万八千九百零六
西晋武帝太康元年（281 年）	六万六千二百	
南朝宋孝武帝大明八年（464 年）	四万六千一百四十八	三十三万零六百一十四
北宋太宗太平兴国（976—983 年）	六十五万九千一百四十九	
北宋神宗元丰三年（1080 年）	一百七十一万九千九百六十八	
北宋徽宗崇宁元年（1102 年）	二百万零七千七百零二	四百四十五万九千五百四十九
南宋高宗绍兴三十二年（1162 年）	一百八十九万一千三百九十二	三百二十三万一千五百三十八
南宋宁宗嘉定十六年（1223 年）	二百二十六万七千九百八十三	四百九十五万八千二百九十一
明太祖洪武二十六年（1393 年）	一百五十五万三千九百二十三	
清世祖顺治十八年（1661 年）	一百九十四万五千五百八十六	五百八十五万九千零二十六
清圣祖康熙二十四年（1685 年）	二百一十二万六千四百零七	
清高宗乾隆十四年（1749 年）		八百四十二万八千二百零五
清高宗乾隆三十二年（1767 年）		一千一百五十四万零三百六十九
清仁宗嘉庆十七年（1812 年）		二千三百零四万六千九百九十九
清文宗咸丰元年（1851 年）		二千四百五十一万六千零一十
清德宗光绪三十四年（1908 年）		二千四百六十一万
中华民国三十八年（1949 年）	三百一十八万零七百零四	一千三百一十四万

自汉代至民国江西人口发展情况表

兴修水利

植树造林

沟通商路

jiangxi zange siyanyunwen
ziranhuanjing

气候温和 冬暖夏凉
雨水充沛 多晴少霜

四千万人 繁衍兴旺
民风勤劳 淳朴刚强

■ 江西素称"福地"，不仅山川秀丽，而且气候温和。春秋稍短，夏冬偏长，一年四季，大致分明。受季风影响，春夏雨水充沛，年平均降水量达一千三百毫米至一千九百毫米。因纬度偏低，全年阳光充足，平均日照达一千四百小时至两千小时。正常年景，风调雨顺，五谷丰登。如遇天灾，春夏常患洪涝，秋冬易遭干旱。由于无霜期长，春荒常靠夏补，夏灾可望秋偿。千百年来，凶年饥岁较少。邻近诸省受灾，常有百姓暂来江西度荒。而历代中原战乱，更多北人南迁，自古即有"中原填江西，江西填湖广"之说。

■ 江西古代被称荒服、蛮荒之地。据史载，夏朝时土著为三苗，商朝时土著为百越，而以扬越、干越两支为主。周朝以后，尤其春秋战国时期，战乱频仍，北人逐渐南迁，秦、汉、西晋、唐、宋各朝，因战争，使北人南迁者

更多，他们既带来中原的科技文化，又与江西土著居民相结合，推动了江西经济文化的发展，也促进了人口的繁衍兴旺。虽然其中人口的发展变化有起落，但总的趋势是人口随着历史的进步而不断增长。1949 年前的五十多年间，因几场战争，使江西人口减少近一半。但1949 年 10 月随着中华人民共和国的成立，江西人口逐年增加，在计划生育政策的控制下，至今仍达四千余万人。据有关部门统计，至 2005 年末，江西人口达四千三百一十六万。自计划生育以来，少生一千一百余万人。今后还将坚持计划生育，预计今后每年还将净增三十五万人左右。至于江西人民的勤劳智慧，淳朴刚强，更是有口皆碑，载誉史册。

人文昌盛

万年仙人洞遗址

万年仙人洞内

万年仙人洞遗址发掘的陶器

万年仙人洞人类活动模拟图

樟树吴城商代遗址

吴城遗址发掘的文物

江西文明 起自夏商
史前文物 仙人洞藏

■ 江西古代文明，从夏代、商代开始。至少在五千年前的新石器时代晚期，已有以种植水稻为主的农业生产，在修水山背村，湖口石钟山，均有当时稻谷的发现。

■ 史前文物最早的发掘地是万年仙人洞遗址，距今约一万年，是我国华南、东南沿海地区同类型文化遗存的典型代表。出土的夹粗砂红陶罐、原生稻，是我国目前发现最早的陶器和稻种。

■ 樟树吴城发掘的商代遗址，不仅发现了制造原始瓷的龙窑，还出土石器、陶器、原始瓷器、青铜器等一千余种，遗留的商代城墙，专家们认为已具方国的雏形。

■ 1989 年 9 月间，新干县城北二十公里处的大洋洲乡农民在沙丘取土时，发现一座湮没已久的商代大墓，内有各种质料的遗物一千三百七十四件(颗)，其中青铜器有四百七十五件，以伏鸟双尾卧虎、双面神人头像、

吴城遗址 方国模样
青铜宝器 聚集大洋

兽面纹虎耳方鼎等最为珍贵，为历来所仅见，是国家特级文物。还有玉器七百五十四件(颗)，陶器、原始瓷器一百三十九件，以及礼器、乐器、兵器、工具、杂器等。

■ 1988 年春，在瑞昌铜岭，发现了至今可知的世界上最早的铜矿，有挖掘铜矿的各类工具、陶器等文物四百六十八件，遗留的铜碴约五万吨。铜矿遗址的开采方式，有露天开采，也有地下开采，以地下开采为主。发现矿井一百零三口，巷道十九条，并成功解决地下开采的安全、通风、排水、提升等一系列复杂的采矿技术难题。联合国专家认为比湖北大冶的铜绿山铜矿早四百年，属于商代遗址，有条件申报"世界文化遗产"。

新干大洋洲商代大墓遗址

大洋洲部分青铜器出土情况

大洋洲部分玉器出土情况

双面神人铜头像

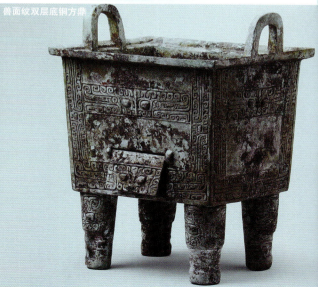

兽面纹双层底铜方鼎

大洋洲商代大墓内品目繁多、制作精美的青铜器,为历来所罕见,可与长沙马王堆的出土文物相媲美,为了解和研究中国历史增添了光辉的一页。此为部分青铜器。

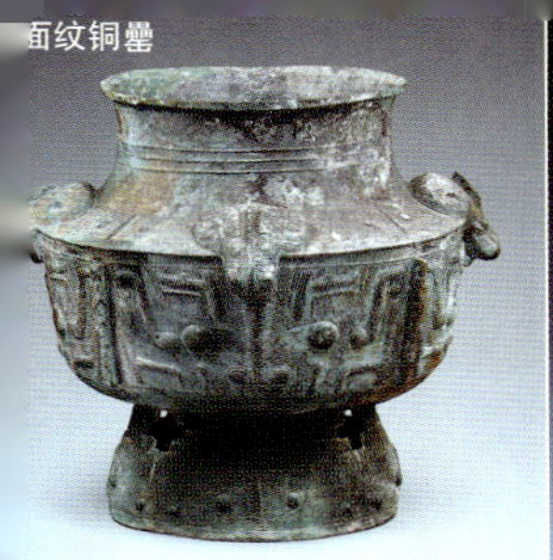
面纹铜罍

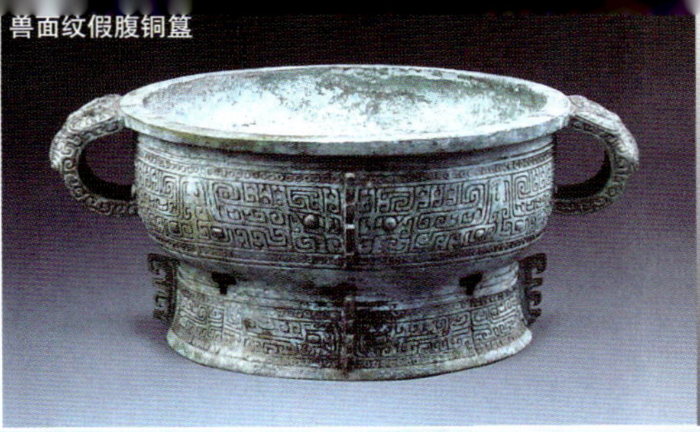
兽面纹假腹铜簋

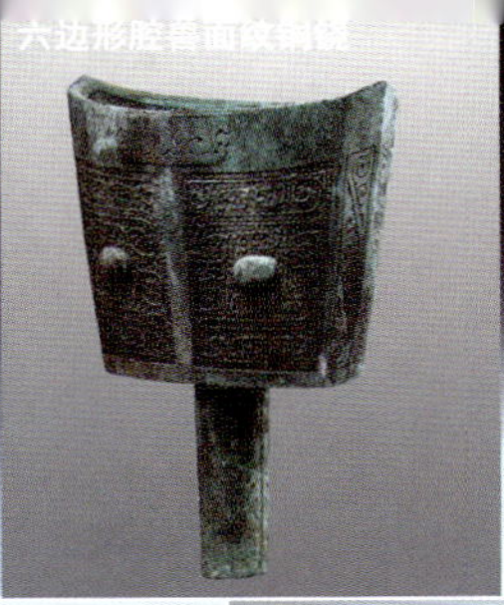
六边形腔兽面纹铜铙

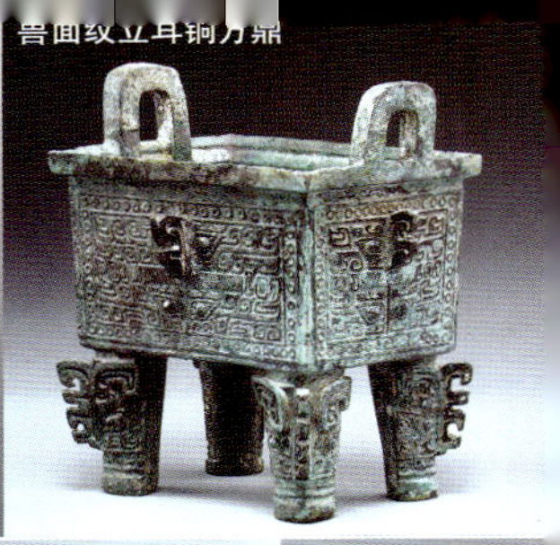
兽面纹立耳铜方鼎

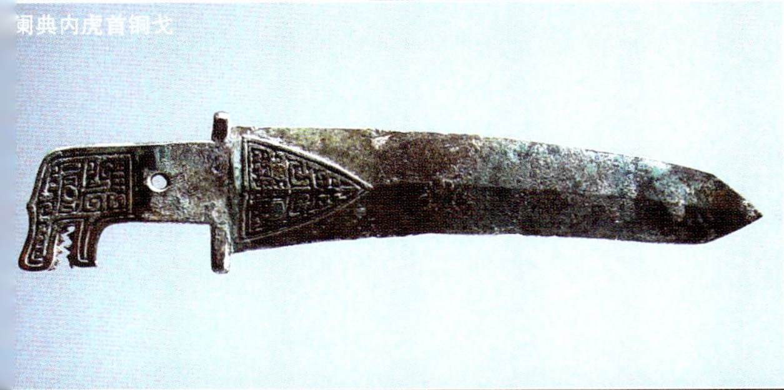
刺典内虎首铜戈

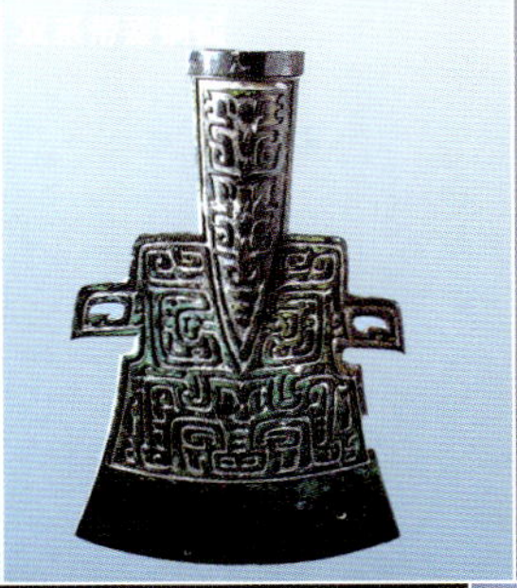

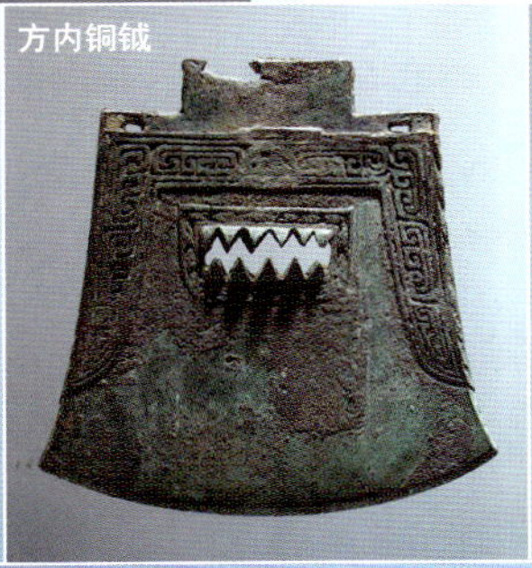
方内铜钺

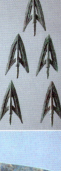

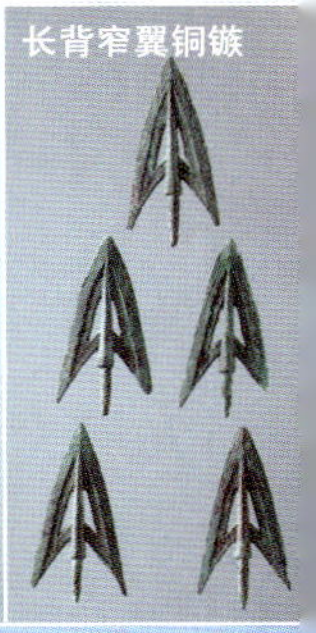
长背窄翼铜镞

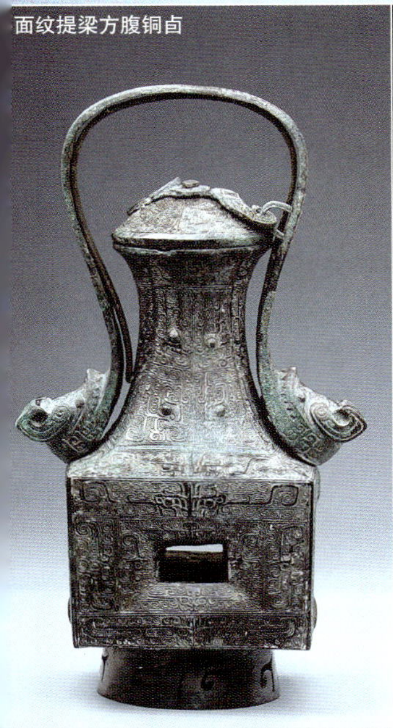
面纹提梁方腹铜卣

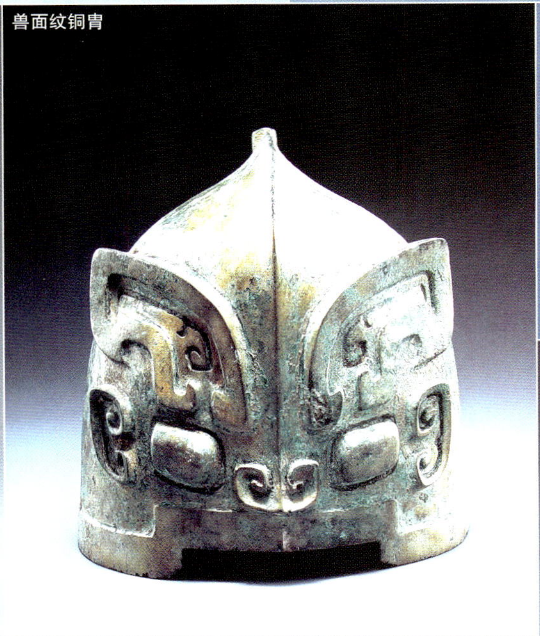
兽面纹铜胄

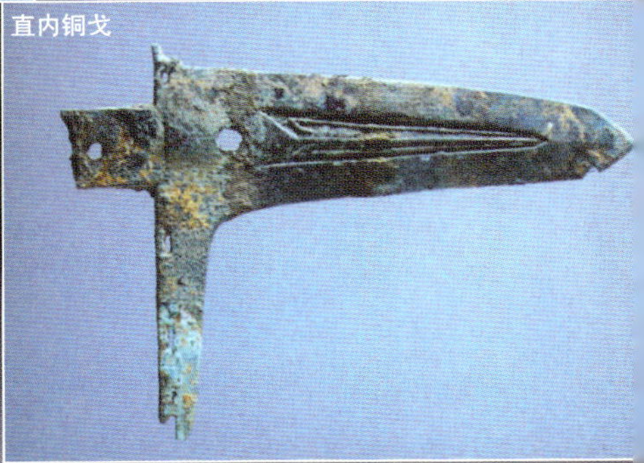
直内铜戈

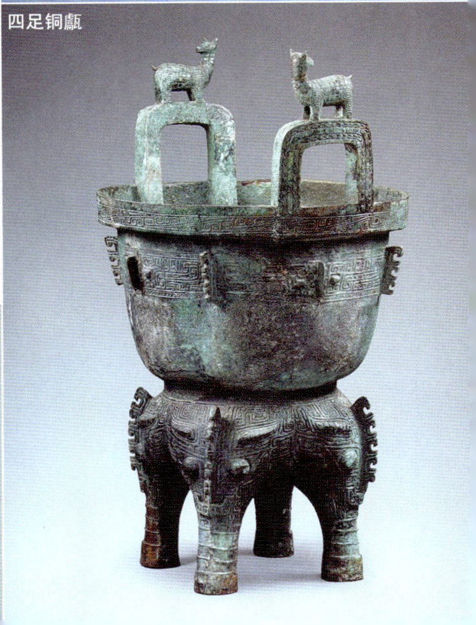
四足铜甗

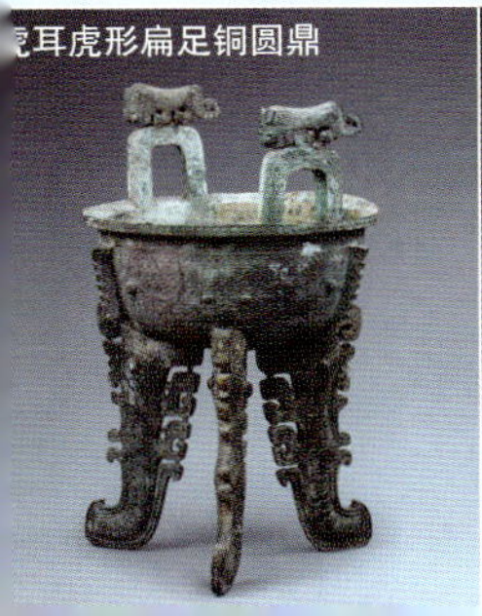
耳虎形扁足铜圆鼎

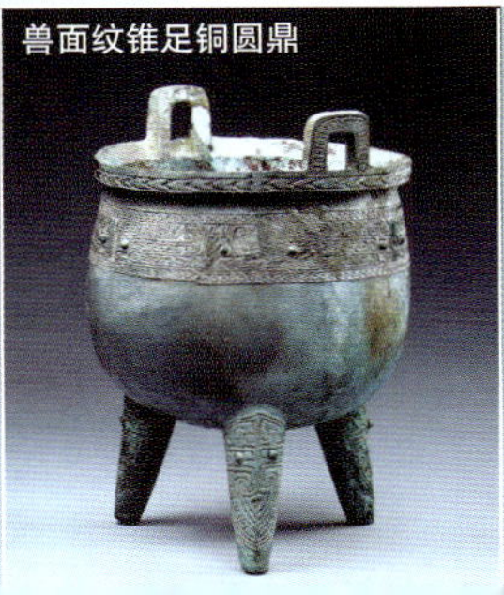
兽面纹锥足铜圆鼎

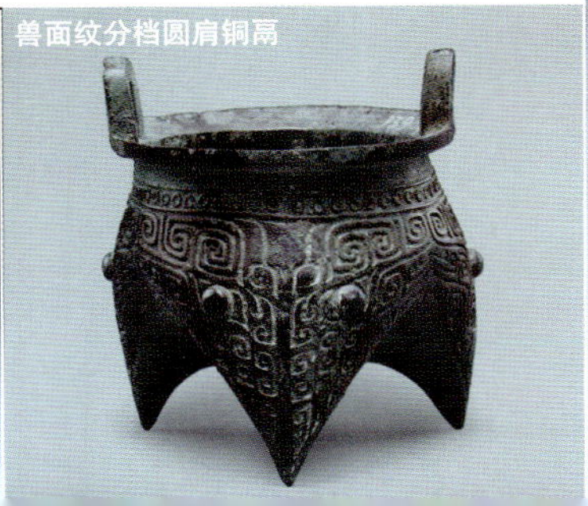
兽面纹分裆圆肩铜鬲

时吴时楚 强邻战场
九江建郡 始于秦皇
吴芮举兵 追随刘邦

西汉豫章郡十八县示意图

豫章郡因樟树而得名。江西境内遍植樟树，主干高大，枝繁叶茂。以豫章为郡名，既突显物产丰饶，又蕴含兴旺繁盛之意。

■ 江西在夏、商、周时期，未形成诸侯国。至春秋(约公元前770—475)、战国(公元前475—221)时，东有强邻吴国、越国，西有强邻楚国，处于吴头楚尾蛮荒之地，三方在战争中，常将江西地区作为战场并占为己有。在春秋时期，吴、越、楚三国都曾先后占据江西地区，至战国时期，江西地区则为楚国所占领。

■ 秦统一中国后，分全国为三十六郡，废除诸侯分封制度，这是历史的一大进步。江西属九江郡，郡治设在今安徽寿县，辖今安徽、江西、淮河以南、湖北黄冈以东地区。

■ 江西余干人番县令吴芮，先追随项羽，后追随刘邦

灌婴将军

灌婴将军筑南昌城模拟图

刘汉代秦　设郡豫章

分县十八　筑城南昌

孺子徐稚　隐居南塘

陈蕃下榻　尊礼贤良

都督周瑜　柴桑练兵

联刘抗曹　火烧赤壁

反秦,封长沙王。

■ 汉高祖六年(公元前201年)在江西地区设豫章郡,下辖南昌、庐陵、彭泽、鄱阳、馀汗、柴桑、赣、新淦、南城、宜春、雩都、艾、南壄、安平、海昏、历陵、鄡阳、建城共十八县,郡治设在南昌,并遣将军灌婴筑南昌城。城址在今南昌城东南二十余华里的罗家集。

■ 徐稚(约79—168)字孺子,号聘君。东汉末年南昌人,称南州高士,躬耕为生,亲睦邻里,曾三举茂才、四察孝廉、五辟宰府,皆不就,坚决隐居不仕。汉豫章太守陈蕃,专置一榻,款待徐稚,尊重贤良,历代传为佳话。南昌有纪念他的孺子亭公园。

■ 周瑜(175—210)字公瑾,庐江舒县(今安徽庐江西南)人。出身士族,美姿容,精音乐,年轻时为建威中郎将,人称周郎。东汉末年,辅佐孙权,任前部大都督。汉献帝建安十三年(208年),曹操率水陆军数十万南下。周瑜主战,在柴桑(今九江)练兵,与刘备军队联合,水陆并进,在赤壁用火攻,烧焚曹军战船,以少胜多,大败曹军,取得赤壁之战的胜利。

徐稚石刻像

丰城白土镇隐溪村徐孺子家祠高悬"一榻千古"匾额

晋置江州　疆土开辟
中原战乱　军民逃离

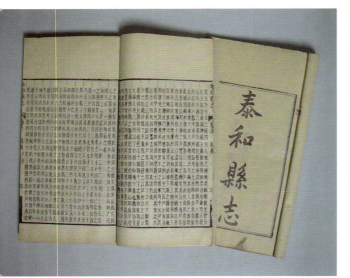

《泰和县志》有关北人南迁的记载

■ 西晋惠帝元康元年（291年），分割沿江十郡置江州，这十郡是扬州的豫章、鄱阳、庐陵、临川、南康、建安、晋安，荆州的武昌、桂阳、安成。从此，江西也不再隶属荆、扬二州。江州辖今安徽、湖北、湖南一部和江西全境，州治先在南昌，后改寻阳。

■ 西晋怀帝永嘉（307—312）年间，发生战乱。先有"八王之乱"，西晋司马氏诸王为争夺西晋政权，相互攻伐。随即发生北方少数民族匈奴、鲜卑、羯、氐、羌等侵入中原地区，占据北方广大领域，并相互攻战劫掠，史称"五胡乱华"。此后又有长时间的南北朝战争。北方百姓无法安居，纷纷南逃，被迫迁至既得天时地利而又相对安定富庶的江西，北人携带中原地区汉族先进的生产方式和文化科学技术源源不断地传入南方，为江西地区注入新鲜血液，促进了江西经济、文化的发展。两晋南

《滕王阁序》碑刻

《兴旺南昌图》(壁画)

传入南方 先进农艺

士弘起义 反抗隋炀

江南西道 始于李唐

简称江西 渐有名望

北朝时期(265—589)的三百余年间,是江西经济、文化逐渐赶上中原地区的关键阶段。

■ 隋代末年,天下大乱。江西鄱阳人林士弘(?—622),于隋炀帝大业十二年(616年)揭竿而起,攻克豫章城,又占据赣州城,拥众十余万,称雄南方,成为农民起义军重要首领。随即自立为帝,国号楚,年号太平,辖境北至九江,南及广州,为江西历代规模较大的农民起义。他一度降唐,后又重举义旗起兵反唐,病故安福境内,义军乃散。

■ 唐太宗贞观(627—649)初年,废除诸府,分全国为十道,江西属江南道,统辖洪、饶、抚、吉、虔、袁、江、鄂八州。唐玄宗开元二十一年(733年),分全国为十五道,江西境内大部分地区划分为江南西道,"江西"之名,即其简称。此时江西经济发展,人文昌盛。唐代诗人

王勃在此之前所撰的《滕王阁序》中已说:"物华天宝,龙光射斗牛之墟;人杰地灵,徐孺下陈蕃之榻。"此后,江西名望,日见兴旺。

天宝之乱 永王被杀
北人南迁 延续百年
开垦荒山 创建书院

御史周矩 筑陂禾川
槎滩碉石 溉田六万

■ 唐玄宗天宝(742—756)年间,安禄山造反,进攻长安,玄宗逃往四川,命皇太子李亨平定北方叛乱,皇子永王李璘平定南方动乱。当永王从四川起兵进至南京时,李亨派兵数十万攻打永王,永王兵败,被杀于南昌,其陵墓在南昌南郊黎村。

■ 天宝之乱,北方动乱,接踵而至的是唐末藩镇割据和五代十国的战乱,延续一百余年。在战乱中,中原地区不得安宁,唐代财政靠江南输入,北人也纷纷南迁,大量人口进入江西,开垦荒山坡地、沙洲、河滩,推动了南方的生产发展。许多官员、学者也进入江西,兴教办学,李渤、颜真卿、李璟等多人均兴办书院,江西文化教育事业也蓬勃发展。

■ 南唐御史周矩,本在南京任职,为避战乱,举家迁入江西泰和爵誉村。他兴修水利,灌溉农田,在从井冈山发源流入赣江的禾水上,筑槎滩、碉石二陂,拦截禾河水,开挖渠道计三十六条,灌溉稻田六百顷(一顷百亩,合六万亩),今达十八万亩,惠及泰和、吉安两县接壤的数处乡镇,犹如小型的四川都江堰,造福百姓已一千余年。

李渤创建白鹿洞书院。图为书院中的石鹿

周矩一千多年前所修的水利工程——禾水上的泰和县槎滩陂

jiangxi zange siyanyunwen

youjiulishi

客家迁徙路线图

悠久历史 四言韵文

赵宋之世　境内和祥
辽金南侵　变生靖康
蒙元攻宋　天祥抵抗

慷慨捐躯　千古流芳
元末政乱　群雄争攘
朱陈大战　挫败友谅

■ 北宋时期，中国社会安定，经济文化发展，在当时属于世界富庶发达的国家。但北方少数民族契丹人建立的辽国，女真人建立的金国，先后向北宋入侵。金兵灭辽后，大规模进攻中原地区，掠夺百姓和财帛。宋钦宗靖康（1126—1127）年间，占据京城汴梁（今河南开封），北宋灭亡。

■ 北宋被金兵灭亡后，赵氏迁至南方建立政权，在临安（今浙江杭州）建临时都城，史称南宋。南宋末年，蒙古军南侵，先灭金国，随即进犯江南。江西状元、赣州知府文天祥起兵勤王，与蒙古侵略军鏖战数年、兵败被俘，在大都（今北京）囚禁三年，不肯投降，书《正气歌》

以明志，元世祖至元十九年十二月（1283年1月）在柴市口慷慨就义，为国捐躯。

■ 元代末年，农民起义遍及大江南北，朱元璋在安徽濠州起义，占据南京；陈友谅在湖北蕲州起义，占据江汉。双方在鄱阳湖大战，朱元璋出兵二十万，战胜拥兵四十万的陈友谅，统一南方，为北伐大都，推翻元朝的统治奠定了基础。

《正气歌》

《文天祥起兵勤王》(中国画)

天地有正氣雜然賦流形
下則為河嶽上則為日星
於人曰浩然沛乎塞蒼冥
皇路當清夷含和吐明庭
時窮節迺見一一垂丹青
在齊太史簡在晋董狐筆
在秦張良椎在漢蘇武節
為嚴將軍頭為嵇侍中血
為張睢陽齒為顏常山舌

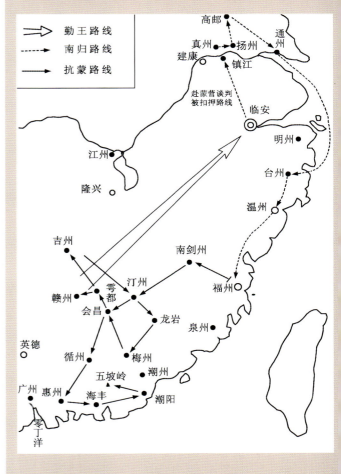

文天祥抗蒙勤王路线图

章江门内 宁王所居
韬光养晦 潜心著述

■ 明朝代替元朝，朱元璋称帝，封第四子朱棣为燕王，驻守北京，封十七子朱权为宁王，驻守大宁，各率军以防边，抗御元军残余势力的侵犯。朱权（1378—1448）自号臞仙，又号涵虚子、大明奇士、丹丘先生等。以善于谋略著称。后燕王与宁王结盟，双方联合进攻南京，夺侄子惠帝皇位，宁王朱权曾引军相助。事发之前，朱棣曾表示夺权成功，兄弟平分天下。朱棣攻下南京，即位后自食其言，将朱权封地改为南昌，拒绝他要求封于苏、杭等地的愿望，削弱其藩王权力。朱权为避祸，乃韬光养晦，仅与文人学士交往，精研戏剧、音乐、韵律，鼓琴读书，埋头著述。著有《汉唐秘史》、《太和正音谱》及《私奔相如》等杂著多种。

■ 宁王朱权玄孙宸濠，趁明武宗政乱，集兵十万，在南昌发动武装叛乱，起兵攻占星子、九江，亲率水军进攻

宸濠夺权 军败命丧
农民造反 抗租抗粮

安庆，拟据有南京。此时王守仁（即王阳明）率军由吉安进占南昌，宸濠自安庆回救，在鄱阳湖被王守仁击败俘虏，押至通州处死。其妻娄妃，理学家娄谅之孙女，善诗词书法，曾劝阻宸濠。她在一首诗中说："妇唤夫兮夫转听，采樵须是担头轻。昨宵雨过苍苔滑，莫向苍苔险处行。"但宸濠不听，决意起兵，结果遭杀身之祸。

■ 江西百姓在明朝官府和地主阶级残酷剥削和沉重压迫下，起来抗租抗粮，赣南农民据守桶冈等险要山寨，抵抗官府的镇压，至明武宗正德十二年（1517年），起义军被王守仁所率官军镇压。

■ 王阳明，即王守仁（1472—1528），字伯安，余姚人，明孝宗弘治进士。由庐陵知县，升右金都御史，任南康、赣州巡抚，兵围桶冈，平定赣南农民暴动，将桶冈地区设置崇义县，加强防守。他先后镇压江西、福建农民起

宁王府模拟图

宁王圹志

桶冈农寨 阳明镇压
南赣一隅 罹受祸灾

义，还曾镇压广西、贵州少数民族起义。他提倡"心学"，主张"心是天地万物之主"，"心即理，心外无理，心外无物"，提出"致良知"学说，他认为"破山中之贼易，破心中之贼难"。致力于传播心学，发展了陆九渊的主观唯心主义学说，哲学上称"陆王学派"。

赣南农民起义军据守桶冈山寨

娄妃曾在此(南昌水观音亭)居住

王阳明塑像

谭纶抗倭　史称谭戚
官民抗清　鏖战吉安
女杰淑英　与敌周旋

寡不敌众　避祸尼庵
宁都三魏　蔑视朝纲
九子相聚　讲学易堂

■　谭纶（1520—1577），明朝大臣，江西宜黄人，在嘉靖年间率戚继光等抗倭。隆庆时，总督蓟辽，又与戚继光训练军队，保卫京师，防满洲兵进犯。治军三十年，与戚继光共事齐名，号称"谭戚"。

■　清兵入关后，进犯江西，江西官民奋起抵抗。杨廷麟（？—1646），江西清江人，南明大臣，曾攻复吉安，抗击清军。随后与南昌人万元吉（1603—1646）、吉水状元刘同升（？—1645）等大臣，在吉安、赣州，与清军周旋，达半年之久。赣州城破，杨廷麟、万元吉投水牺牲，而刘同升在此之前病故围城之中。江西新建人姜曰广，南明时任礼部尚书兼东阁大学士，后返江西抗清，兵败投水殉国。

■　刘淑英（1619—1663），江西安福人。通经史，善诗文，喜兵法，练剑术。其夫王蔼抗清时牺牲。清兵入关后，面对国仇家恨，乃散家财，鬻钗钿，募义兵千余人坚持抗清，转战湘赣边境。因势单力孤，不得已，筑小庵于安福城郊管家村，取名"莲舫"，退隐为尼。

■　"易堂九子"反对清朝统治，聚集宁都翠微峰讲学，峰颠有平地约一平方里，他们在峰颠结庐而居，称为"易堂"。"易堂九子"为南昌彭士望（1610—1683）、宁都彭任、邱维屏（1614—1679）、林时益（1618—1678）、魏祥（1620—1677）、魏禧（1624—1681）、魏礼、李腾蛟、曾

宜黄谭纶墓前石牌坊

髻山七贤　隐入林莽

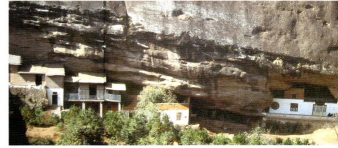

易堂九子讲学之地

灿(1625—1690)，他们都有著述。魏祥、魏禧、魏礼为三兄弟，富有学识文才，称为"宁都三魏"。"九子"以"三魏"为核心，尤以魏禧为最。

■ 星子县人宋之盛，世称白石先生，明崇祯举人，学以明道为宗，识仁为要。抗清不仕，与吴一圣、余日卓、查世球、查辙、夏伟及周祥共七人在庐山南麓髻山隐居讲学，世称"髻山七贤"。

宁都三魏著作

赣州清水塘杨廷麟殉节处

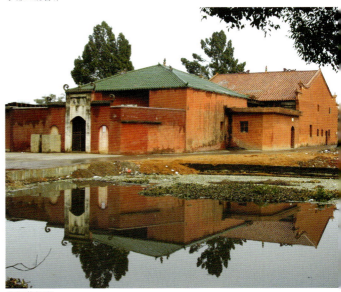

安福莲舫庵

英人侵华　贩卖鸦片
黄氏爵滋　首议禁烟
太平军兴　苦战湘军

七百万众　惨遭牺牲
福王突围　被擒石城
天津条约　九江开埠

■　19世纪三四十年代，英国商人在英政府支持下，通过东印度公司，在中国大规模倾销鸦片，致使中国白银大量外流，更为有害的是国人一旦染上鸦片，吸毒成性，严重影响身体健康，甚至危及生命。鸦片先在官民中蔓延，后竟祸及军队。江西宜黄人黄爵滋（1793—1853），在清道光（1821—1850）时任鸿胪寺卿，1838年上《严塞漏卮以培国本折》，他是清朝第一个痛陈鸦片的危害、力主严禁鸦片的大臣。后引起道光帝重视，才派遣湖广总督林则徐为钦差大臣前往广东禁烟。

■　1851年1月，洪秀全率众在广西金田起义，建号太平天国，称天王。1853年3月，太平军占领南京，定为太平天国首都，称天京。从1853年至1865年的十余年间，太平军进出江西，转战各地，占领江西八府五十余县，所到之处毁神庙、烧孔殿、焚衙门、除恶霸、杀贪官、招募百姓参加太平军。在此前后，太平军与曾国藩湘军反复苦战。1864年7月，天京沦陷，此时洪秀全已死，他的儿子幼天王洪天贵福突破重围逃至江西，至11月在石城荒山穷谷中被俘，随即被害于南昌。这次全国范围内的农民起义运动，江西百姓踊跃参军参战，交租纳粮，作出重大贡献。同时，牺牲七百万人，损失惨重。

■　第二次鸦片战争期间，英、法、美、俄等国趁机向清朝勒索更多权益。1858年6月26日和27日，英、法强

销毁鸦片

《湖口大捷》(中国画)，描绘的是太平军在湖口大败曾国藩湘军水师

洋货倾销 百业残破

迫清政府在天津分别签订《中英天津条约》和《中法天津条约》，增开牛庄(后改营口)、登州(后改烟台)、台湾(后定为台南)、潮州(后改汕头)、琼州、汉口、九江、南京、镇江、淡水等地为通商口岸，以及提出传教、减税、游历、赔款等多项条件。从此，资本——帝国主义列强势力侵入内地。英国、日本侵略者首先在九江开辟租界，列强先后跟进到江西倾销其工业产品，掠夺江西各种资源，使江西经济遭受严重打击。

英国强迫清政府签订《中英天津条约》

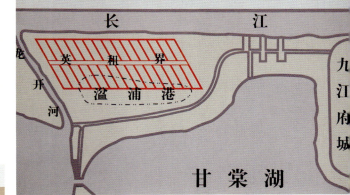

九江英租界地图

太平天国在江西的部分乡土政策

"严禁剃发服烟"。　　　　　(《江西战垒纪闻》)

"首以薄赋税，均贫富二语"。　(《太平天国学刊》)

"凡尔民一切贸易无容闭歇，免致采买无向，
　自迫其乱"。　　　　　　(《太平天国文书汇编》)

"凡官兵如见子民安业买卖，胆敢持势抢民货物，
　不依平买给价者，民宜当即扭拿禀送论罪处斩"。
　　　　　　　　　　　　(《太平天国文书汇编》)

"开科取士，使人民得自由竞取功名及官职"。
　　　　　　　　　　　　(《太平天国典制通考》)

"不戮一人，有掳民间一草一木者，立斩以徇"。
　　　　　　　　　　　　(《星烈日记》)

太平天国在江西的部分乡土政策

九江通商口岸一隅

孙中山像

1912年10月24日,孙中山抵九江与欢迎者合影

1912年11月25日,孙中山抵南昌出席江西同盟会支部活动

李烈钧举义讨袁之地——湖口

《新青年》杂志

五四运动前后的南昌,这里成立了许多宣传马克思主义的团体

《毛主席去安源》(雕塑)

刘少奇像

《刘少奇和安源矿工》(油画

武昌首义　江西响应
湖口举旗　二次革命

■ 1911年10月10日（清宣统三年八月十九日），武昌新军起义。总督瑞澂逃往上海，黎元洪被推举为都督。次月，江西独立。在此前后，多省相继独立。1912年，清宣统帝退位，孙中山辞临时大总统位，参议院推举袁世凯为临时大总统。由于袁世凯倒行逆施，1913年7月，李烈钧在湖口起义反对袁世凯，称二次革命。

■ 1919年五四运动前后，进步知识分子广泛宣传民主、科学思想和马克思主义，《新青年》杂志等起了积极作用。江西青年在五四运动影响和推动下，迅速觉醒，在上世纪二十年代初，先后成立了改造社、马克思学说研究会、民权运动大同盟、青年学会等，都是宣传马克思主义的团体，培养了一大批先进分子，为江西工人农民运动的兴起和中国共产党的组织在江西的成立，准备了干部条件。

五四运动　传播马列
工人罢工　萍乡首发

■ 共产主义知识分子和中国共产党的发起人毛泽东、刘少奇、李立三等，先后至萍乡安源煤矿工人矿区，宣传进步思想，发动工人群众，争取工人权利，组织罢工运动，并取得初步胜利。

1922年3月16日安源路矿工人俱乐部筹委会成立时的合影，中排右起第五人为李立三

一九二四 江西建党
北伐战争 军阀败亡

■ 江西进步青年积极参加五四运动。1922 年，赵醒侬、袁玉冰、方志敏等在南昌创办《新江西》，设立文化书社，组建改造社等，宣传马克思主义，开展组建中国社会主义青年团和中国共产党的筹备工作。1924 年，江西的中国共产党组织正式成立，赵醒侬任中共中央直属江西支部书记和中共江西地委书记。

■ 1926 年夏，在第一次国共合作的形势下，国民革命军开始北伐。首先进攻湖南、湖北，至 10 月间，已基本打败北洋军阀吴佩孚的部队。9 月间，北伐军开始进攻江西，与拥有十余万兵力的北洋军阀孙传芳部激战，得到江西群众大力支持，双方在浙赣路、南浔路和南昌城反复攻夺，至 11 月，孙传芳战败，逃往南京。

■ 1927 年 4 月 12 日，蒋介石在上海发动反革命政变，收缴工人纠察队武器，捕杀工人和共产党员。8 月 1

八一起义 打响头枪
恩来挂帅 始有武装

日，根据中共中央决定，周恩来、贺龙、叶挺、朱德、刘伯承等领导的北伐部队三万多人，在南昌举行武装起义，打响了武装反抗国民党反动派的第一枪，也是中国共产党独立领导武装斗争的开始。南昌遂成为人民武装的诞生地。

赵醒侬像

袁玉冰像

方志敏像

南昌书社旧址

周恩来像　　　贺龙像　　　叶挺像　　　朱德像　　　刘伯承像

《八一起义》(油画)

秋收暴动 指挥得当
泽东率师 联络袁王

■ 1927年在汉口召开的"八七会议"上，毛泽东首先提出"枪杆子里出政权"的理论。随后，毛泽东深入湖南和湘、赣边境组织工农群众，领导了湘、赣边界的秋收起义。鉴于敌强我弱的形势，毛泽东放弃了进攻长沙的计划，决定率领部队向井冈山进军。在永新县的三湾改编部队，将党支部建在连上，加强党对军队的领导，同时宣布军队的纪律。得到永新共产党组织贺敏学、贺子珍、王新亚等的策应和支持，并与原来在井冈山一带活动的农民自卫军袁文才、王佐部联络，向他们馈送枪支。在茨坪安家后，应袁、王的要求，帮助对这支部队整编训练，于1928年5月改编为红四军三十二团，袁文才任团长，王佐任副团长。毛泽东领导的秋收起义部队以井冈山为根据地逐步开展斗争和建设。

■ 1928年4月，朱德、陈毅等率领的南昌起义部队

朱毛会师 经营井冈
彭黄来会 左右臂膀

和湘南农军，到井冈山与毛泽东领导的秋收起义部队胜利会师。5月4日，两支革命武装正式组建为工农革命军第四军，后称工农红军第四军，朱德任军长，毛泽东任党代表，陈毅任政治部主任。这年年底，彭德怀、滕代远、黄公略等领导的平江起义部队工农红军第五军，到达井冈山与红四军会合。井冈山的革命武装力量进一步壮大。这时湘、赣两省的国民政府军，纠集六个旅约三万人的兵力，策划分五路对井冈山革命根据地进行"会剿"。1929年1月初，湘、赣边界党委在宁冈县柏露村召开会议，为打破湘、赣两省国民党军队的进攻，决定红五军留守井冈山，红四军向江西南部、福建西部一带进军。1929年1月，毛泽东、朱德、陈毅等率领的红四军主力南下，途经遂川、上犹、崇义，击退沿途各地进行堵截的地主武装，进占大余城，同时与"追剿"军激

毛泽东像

袁文才像

王佐像

彭德怀像

黄公略像

四军挥戈 开拓南疆

战,向粤边的南雄、赣边的信丰及三南(龙南、全南、定南)进发,一边开展游击战争,一边发动和组织广大农民进行土地革命,建立工农武装政权,开拓了赣南闽西革命根据地,随后建立了以瑞金为中心的中央革命根据地,取得初步胜利。并于1931年11月7日至20日,在瑞金召开中华苏维埃第一次全国代表大会,宣告中华苏维埃共和国临时中央政府成立,毛泽东任主席,朱德任中国工农红军总司令,瑞金为首府,因此,瑞金称为"红都"。

《秋收起义》(油画)

《井冈山会师》(油画)

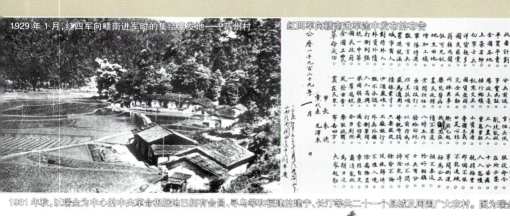

1929 年 1 月，红四军向赣南进军时的集结出发地——荐州村

红四军向赣南进军途中发布的布告

瑞金军民庆祝中华苏维埃共和国

1931 年秋，以瑞金为中心的中央革命根据地已拥有会昌、寻乌等和福建的建宁、长汀等共二十一个县城及周围广大农村。图为瑞金全景

以毛泽东为代表的中国共产党人在创建以瑞金为中心的中央革命根据地的实践中，开始形成以农村包围城市，最后夺取全国政权的中国革命道路的思想

1931 年 12 月 1 日，中华苏维埃共和国中央执行委员会举行第一次会议。站立者为毛泽东

1934 年 1 月 22 日至 2 月 1 日，第二次全国苏维埃代表大会在瑞金召开。图为代表们合影

五次反剿 四胜一伤
红军长征 北上抗日

■ 1930年12月至1933年9月，南京国民政府的军队向中国工农红军连续五次发起"围剿"，第一次十万兵力，第二次二十万兵力，第三次三十万兵力，第四次六十三万兵力，第五次一百万兵力，其中五十万兵力进攻中央工农红军。前四次在毛泽东的游击战、运动战思想的指导下，红军打破了国民党军队的"围剿"，取得了重大的胜利。由于王明等"左"倾思想的干扰，抛弃游击战、运动战的战略战术，采用正规战、阵地战的战略战术，中央红军未能打破第五次"围剿"。1934年10月，红军主力离开中央革命根据地，转战湘、桂、黔、滇、川、陕、甘、宁，打败和摆脱政府军的前堵后追，历经二万五千里长征，胜利到达陕北，建立陕、甘、宁革命根据地，开展抗日救亡运动。

■ 1934年7月，中共中央为反对日本帝国主义侵

志敏先行 进攻苏皖
余部滞敌 游击粤赣

略，冲破国民党军队对中央红军的"围剿"，决定将寻淮洲、粟裕等领导的红七军团改组为北上抗日先遣队。11月，北上抗日先遣队与方志敏领导的红十军会合，组成红十军团，成立以方志敏为首的军政委员会，继续北上抗日。12月，寻淮洲在作战中壮烈牺牲。1935年1月，方志敏不幸被俘，8月6日在南昌英勇就义。

■ 中央红军长征后，中央革命根据地成立以项英为首的中央军区和中共中央分局，后改为东南分局，还成立以陈毅、梁柏台为正副主任的中央政府办事处，继续领导南方八省十四个地区的根据地的红军和游击队，坚持了三年艰苦卓绝的游击战争。陈毅、项英率领的部队主要在粤、赣边境开展斗争。

苏区东河戏剧团演出革命新戏曲《活捉张辉瓒》剧照

红军在反"围剿"战争中不断壮大。图为红一方面军第四军阵容

红军长征出发地瑞金武

红十军团主要领导人方志敏、刘畴西、王如痴在狱中

《坚持斗争》(油画),再现了项英、陈毅当年在大余县长岭村召开军政干部会议的情景

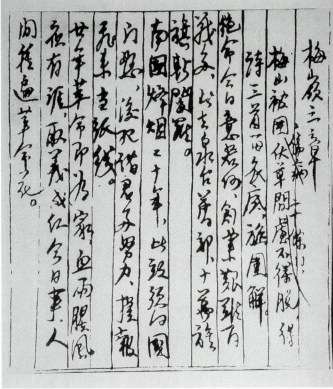

1936年冬,陈毅在国民党军包围的险境中写下的《梅岭三章》诗篇

中华苏维埃共和国中央政府、中国工农红军革命军事委员会为中国工农红军北上抗日发表的宣言

国共合作 庐山会商
长期抗战 日本投降
三年内战 江西解放

■ 1937年7月7日，日本侵略军发动芦沟桥事变，向我国军队猖狂进攻，我守军奋起抵抗。15日，中共中央将《中国共产党为公布国共合作宣言》交给国民党中央。17日，中共代表周恩来、秦邦宪、林伯渠同国民党代表蒋介石、张冲、邵力子在庐山举行会谈。此时蒋介石对是否决定抗日，仍在犹豫，希望与日本妥协。8月13日，日本侵略军大举进攻上海，扬言三个月灭亡中国，国民政府统治的核心地区受到严重威胁。蒋介石被迫发表"自卫'宣言，将西北红军主力改编为国民革命军第八路军。10月，南方各省红军和游击队改编为国民革命军陆军新编第四军，开赴抗日前线与日军作战。

■ 早在1937年7月7日芦沟桥事变之前的1931年9月18日，日本关东军为侵占我东北三省，发动沈阳事变，日本帝国主义的对华侵略战争即从此开始。中国军民也从此开始了对日本侵略者的抵抗。1937年7月7日芦沟桥事变爆发，中国全民抵抗日本侵略，在全世界反法西斯阵线的共同努力和配合下，最终取得了抗日战争的伟大胜利。

■ 1946年夏，国民党南京政府破坏国共和谈，使第三次国共合作破裂，又一次发动反共内战，向解放区进攻。经历三年的解放战争，政府军队战败，余部退往台湾，大陆解放，于1949年10月1日成立了由中国共产党领导的中华人民共和国。

国民党在庐山召开各界名流谈话会，国共合作抗日的会谈也在山上举行

江西是抗日劲旅新四军的诞生地。图为南昌市高升巷新四军军部旧址

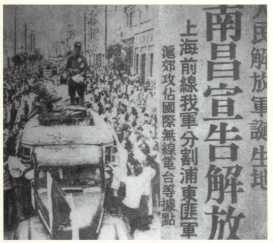

1949年5月22日，中国人民解放军第二野战军解放南昌

解放南昌的部队合影

游击队与解放军会师大余梅关

德安万家岭对日作战的中国军队

上高大战胜利报道

南昌人民庆祝抗战胜利

一九四九 揭开新篇
全省上下 先建政权

■ 1949年4月下旬，中国人民解放军百万雄师过长江。5月22日，江西省会南昌解放。至9月下旬，江西全境解放，结束了国民党南京政府在江西二十二年的统治。江西一千三百余万百姓，载歌载舞，欢迎中国人民解放军的到来，江西历史从此揭开新的篇章。

■ 随大军南下的广大干部，在被解放的江西大地上，第一件事，就是接管国民政府的政权，建立人民的政权。首先是建立军事管制委员会，同时自上而下组成各级人民政府。江西省人民政府主席由邵式平担任。与此同时，组建中共江西省委，陈正人任省委书记，范式人、杨尚奎任副书记。陈奇涵任江西军区司令员，杨国夫任副司令员。次年，还成立了江西省政治协商会议，陈正人被选为主席。中央派遣了六千多名干部南下江西，组建各级人民政权。

南昌人民夹道欢迎解放军入城

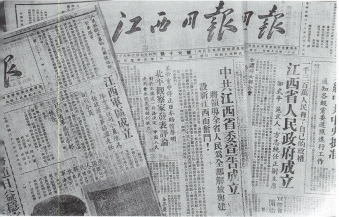

1949年6月7日《江西日报》关于中共江西省委、江西省人民政府和江西军区成立的报道

1949年6月8日《南昌新闻》刊登南昌市人民政府成立的消息

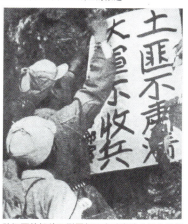

驻江西的解放军剿匪部队张贴肃清土匪的标语

解放军剿匪部队在深山中搜索前进

剿匪斗霸 缴烟灭毒
扫黄反贪 禁嫖抓赌

分田分地 农民翻身

■ 随着各级人民政权的建立，在全省范围内开展了剿匪斗霸、镇压反革命的斗争。其中以剿灭宁都黄镇中、遂川萧家璧、资溪向理安几股匪徒的斗争较为艰巨，但都取得了完全的胜利。镇压城乡反革命分子和国民党特务以及缴烟灭毒、禁止赌博、改造娼妓等，都取得了重大胜利，社会安定，人民安居乐业，为江西历来所未有。

■ 江西全省有八十二县、六百三十一区、七千一百七十九乡，土地面积有三千五百万亩。从 1950 年 11 月开始的土地改革分三期进行，至 1952 年 3 月结束。土改的程序，先从发动群众入手，派遣工作队访贫问苦，扎根串连。在群众觉醒的条件下，根据土地法划分农村阶级，对顽抗的地主、富农、恶霸分子，进行必要的揭发批判，既打击地主阶级的气焰，也提高贫下中农的觉悟。

在此基础上，再分配地主的土地和富农多余的土地给无地和少地的贫苦农民。最后，全省依法征收的土地一千三百三十余万亩，无偿分给二百七十九万多农户，占农村农户的百分之七十三。平均每户分得耕地五亩四分，每人分得一亩六分四。免交了地租二十亿斤，还分得十一万头耕畜、一百一十八万件农具和地主占有的山林、鱼塘及多余的房屋等。至此，延续数千年的封建土地所有制彻底废除，农民在经济上、政治上翻身，生产的积极性大大提高，促进了农业生产的发展。

1949 年 9 月 28 日，解放军生擒恶霸土匪肖家璧

1951 年冬遂川县新江乡农民歌唱土地还家

江西赞歌

四言韵文

悠久历史

各行各业　百废俱兴
大小工厂　雨后春笋
国产飞机　洪都首功

共青羽绒　覆盖西东
修堤筑坝　水利工程
灌田发电　万安柘林

■ 人民政府没收了官僚资本，完成了资本主义工商业的社会主义改造，建立了人民自己的国有企业。大小工厂如雨后春笋般涌现，如江东机床厂、江西第四机床厂、江西矿山机械厂、宜春风动工具厂、江西汽车制造厂、江西齿轮厂、南昌柴油机厂、江西棉纺印染厂、九江(第一、第二、第三)棉织印染厂、抚州纺织厂、井冈山纺织厂等，均先后建成。其中南昌洪都机械厂，又名三二〇工厂，自行设计制造了我国第一架螺旋桨飞机。位于德安县的共青羽绒厂所制的冬季羽绒服，质地优良，款式多样，深受国内外客户的喜爱。

■ 上世纪五六十年代，江西全省农村掀起了兴修水利的热潮，在溪流、河川的上游，修筑了无数的堤坝，截断流水，用以灌溉农田，开发水电，对全省农业的发展和农民生活的改善发挥了重要作用。截至2004年底，全省共建各类水库九千二百六十八座，其中大型二十五座，中型二百二十四座，其余为小型水库。规模最大者为柘林水库，它位于武宁、永修两县之间，截断修水，1975年建成，筑有我国最大的拦河土坝，装机容量为四十三万二千千瓦，每年发电六亿度以上。上世纪八九十年代兴建的万安水库，在万安与赣州，规模更为宏大，装机容量为五十三万三千千瓦，发电量超过柘林水库，每年发电九亿度以上。

1954年7月，南昌洪都机械厂试制成功新中国第一架飞机

共青羽绒厂车间

1958 年 5 月开始的赣抚平原综合开发水利工程,是江南最大的引水灌区。图为当年开工典礼和工地热火朝天场面

柘林水库

万安水库

三中全会　发展经济
改革开放　实事求是

■ 1978年12月，中共中央召开十一届三中全会。这是一次具有伟大历史意义的会议。全会开始全面地、认真地纠正"文化大革命"中及其以前的"左"倾错误，高度评价了关于实践是检验真理的唯一标准问题的讨论，确定了"解放思想、开动脑筋、实事求是、团结一致向前看"的指导方针，果断地停止使用"以阶级斗争为纲"这个不适用于社会主义社会的口号，作出了把工作重点转移到社会主义现代化建设上来和实行改革开放的决策。这是中国共产党思想、政治、组织路线的大转变，中国进入了社会主义建设的新时期。

■ 中共江西省委坚决贯彻了十一届三中全会精神，决定加快社会主义现代化建设步伐，实行全党工作重点的转移。首先，尽快将"文化大革命"中的遗留问题解决，平反冤假错案，弄清功过是非，调动一切积极因素。

省会——南昌

南门——赣州

省会南昌 辐射四方
敞开南门 面向粤港

例如，在1957年全省反右派斗争中，有一万二千一百五十三人被划为右派分子，"文化大革命"前摘掉了其中七千一百一十一人的右派帽子。这时，摘除了剩余的五千多人的右派分子帽子，为他们进行了平反改正工作。又如，宽大释放了全部在押的一百一十二名原国民党县团以下党政军特人员，并安置就业。再如，到1985年底，为全省十多万人解决了一十三万多个历史遗留问题，等等。其次，整顿、建设各级领导班子，实行老、中、青三结合，加强党对经济建设的领导。三是尽快实现工作重心的转移，发展工农业生产，积极实行农业生产责任制和工厂企业的改革。江西经济的主要指标，几年来连续增长。1978年，江西国内生产总值为八十七亿元，1980年，达一百一十多亿元，在全国排位由上一年的十七位上升为十五位。1981年，又增至一百二十一亿元。

畅通北港 直达沪杭
东连西接 闽浙鄂湘

■ 根据改革开放的决策，省委决定，省会南昌应在经济、文化和旅游等诸多方面向四方辐射，打开"南门北港"，坚决"敞开南北两头，搞活中心城市，打开内陆山区，梯形推进开放"，主动与沿海地区的开放政策"接轨"。所谓"南门"，是指"五岭之会要"、"闽粤之咽喉"的赣州；"北港"是指拥有"黄金水道"，号称"七省通衢"的九江。与此同时，通过浙赣铁路，可以东西联接南方各省市区，通过京九铁路可达北方和南方各省市区及特区，从而为江西经济、文化、旅游等事业的进一步发展，奠定了良好的基础。

北港——九江

大力经营 昌九走廊
工业园区 招商引资
建设项目 六大支柱

航空电子 冶金建材
食品医药 前途广阔

■ 昌九工业走廊的建设，始于1992年。昌九走廊是指南起南昌向塘，北至九江之间的长一百六十公里的沿边地带，包括九江、南昌两市和南昌、新建、永修、德安、九江五县，约四百六十六平方公里面积，计划用三十年时间建设。规划作出后，有一批工厂、企业进行投资。至1995年，区域内国内生产总值平均增长百分之二十二，达到三百亿元，高出全省平均增长速度六个百分点，占全省的百分之二十六，在海内外产生一定影响。

■ 工业园区迅速发展，与"长珠闽"、"泛珠三角"的经济合作日益加强。世界五百强企业已有二十一家进入江西。2005年江西外贸进出口总额已达四十亿美元。

■ 江西工业建设，以航空及精密仪器制造业、电子信息和现代家电业、特色冶金和金属制品业及原材料工业、食品加工和中成药及生物医药业为六大支柱产业。这是因为江西长时间在航空、精密仪器、电子、家电等方面有重要成就，有色金属的储量与产量均极为丰富，江西建筑材料，如石灰岩、大理石、竹木产量等均拥有全国优势并有一批庞大的建筑工人队伍，而江西又是农业大省，农、副、畜牧、鱼类产品自供有余，历年均有大量出口，土特产品又多，为食品加工业和医药业奠定了雄厚基础。若干年来，江西六大支柱工业都有不同程度的发展，为江西经济建设作出了重要贡献。

昌河飞机

江西鸿源公司背投整机调试线

新余钢花

江西万基药物研究院

江西铜业公司 SCR300 铜杆生产线

凤凰相机

蜜橘加工

玉山万年青水泥厂

中粮 (江西) 米业有限公司

南昌市高新开发区高新大厦

抚州金巢经济开发区一角

南昌市昌北经济技术开发区一瞥

工业园区的辐射效应也给定南县这家超市带来了更多的商机

在荒山上开垦出的黎川县工业园区

南昌奥克斯空调装配生产线

工业园区已经名副其实地成为江西省经济发展新的增长极,对全省经济社会发展的推动和贡献必将越来越突出(选自 2005 年 7、8 月《江西画报》)

九江昌河汽车生产线

江西美尔丝瓜络有限公司带动农民共同致富

赣州黄金开发区的工人定期参加科学技术的学习和培训

宁都凤凰禽业公司的禽蛋孵化

九江汇源饮料生产线

相对廉价的劳动力已成为招商引资的一大优势。图为三百山果品包装有限公司

世界五百强企业——美国卡博特落户九江水泥粉末技术有限公司

农业优势　继续发扬
以粮为本　庭院种养

林草牧渔　责任承包
剩余劳力　远输京广

■ 江西历来为农业大省，稻谷生产在全国领先，苎麻、茶叶、桐油、烟草、芝麻、花生、油菜、黄豆、甘薯、棉花、水果等产量，历史上曾名列全国前茅，至今也仍有一定地位，应该继续发扬。坚持以粮为本，多种经营，在林、草、牧、渔各项领域实行责任承包，加大科技投入，家庭院落发展多种养殖，持续促进农业全面发展，逐步实行农业现代化。

■ 江西农业人口，约占全省人口百分之七十以上，有三千余万人，剩余劳力有数百万。改革开放以来，他们纷纷前往京、沪、闽、粤等中心城市和沿海发达地区务工，促进了当地各项事业的发展。有的中青年农民在实践中学习了先进科技和现代管理等多方面知识，回家乡开办企业，拉动了家乡经济发展。大多数打工者增加了收入，回乡后建筑新房，承包各项产业，大大地改善

了生活质量。近年来，外出务工人员已增加至三四百万人次，2005年跨省务工人员达到五百四十一万人次。不少县区对他们进行了有计划、有组织的培训和安排，使他们提高了劳动技术能力和水平，并能较快地获得工作机会，同时对他们子女的学习也给予了关怀。这一经验受到广大农民工的欢迎，值得推广。

养鸭专业户

收获

渔家乐

鱼米之乡

牧牛

富饶的鄱阳湖平原

美丽的婺源乡村

新余河下村

南昌下罗村农民住宅小区

加快以"生产发展、生活宽裕、乡风文明、村容整洁、管理民主"为目标的社会主义新农村建设步伐,创建文明村镇活动在全省农村蔚然成风

通讯设施 全省遍布
高速公路 四横三纵
沉船堵口 历代少有

良好植被 竭力保护
田园诗歌 山水画图
江南花园 天下所无

■ 江西的固定电话和移动电话用户遍布全省。2003年，固定电话六百三十一万五千户，移动电话五百三十二万五千户。2005年，移动电话达七百万户，许多农家也有电话或手机。江西通讯事业获得空前的发展。

■ 江西已建成的高速公路有：昌九高速、温厚高速、九景高速、梨温高速、赣粤高速江西段、昌金高速、泰井高速等，总里程达一千五百八十公里。近年即将建成的"四横三纵"高速公路：第一横杭州至瑞丽线江西段约三百三十五公里，第二横上海至昆明线江西段约五百二十四公里，第三横泉州至南宁线江西段约三百三十八公里，第四横厦门至成都线江西段约二百五十公里；

第一纵济南至广州线江西段约六百四十二公里，第二纵银川至福州线江西段约三百七十二公里，第三纵大庆至广州线江西段约五百八十五公里。总计里程约三千零四十六公里，约为已建高速公路的两倍。"四横三纵"高速公路建成后，与普通公路、快速公路联成网络，将大大促进江西经济文化及各项事业的发展。

■ 1998年夏，长江洪水泛滥，冲决了九江大堤，而沙包、石料一时无法堵住决口。如决口继续被洪水撕开，大量长江洪水涌入，将造成堤内居民生命和财产的巨大损失。千钧一发之际，省市领导和水利专家当机立断，用船只满载沙包、石料，在大堤决口处将船沉没，成功地拦截了洪水，

手机市场

乐温高速公路北端立交桥鸟瞰

红绿古色　吸引游客

萍乡秋收起义广场

堵塞了决口。沉船堵决口之法，被中央领导同志赞扬为一大发明。

■ 千百年来，江西一直保持青山绿水和良好的植被状态。1982年，省委、省政府提出要写好"田园诗"，画好"山水画"。近年又号召建成"大花园"。江西完全具备建设江南大花园的条件。江西有以"四山一湖"为首的广大绿色景观，有众多历史名人留下的文化遗址，还有近代、现代的大量革命胜地，仅毛泽东、周恩来、朱德、邓小平等革命领袖的故居就有数百处。红色摇篮，绿色家园，古色遗址，每年都吸引了大批游客前来观光览胜。

小平小道

吉安文石村清乾隆年间建的"九栋屋"

九江决口处共沉车一辆、沉船九艘，是堵塞决口取得成功的关键一招

吴城观鸟

新余仙女湖

南城麻姑双剑瀑

宜春体育场馆，全国第五届农民运动会在此召开

中部崛起 齐心协力
科技领先 教育奠基

后来争上 急起直追
小康安宁 和谐富裕

■ 中华人民共和国成立前后，江西与中部各省的经济、文化状况不相上下。经几十年的发展变化，江西一部分经济、文化指标落后于湖北、湖南、河南三省，一部分指标超过安徽，但另一部分指标又比安徽有差距。2004年各省的GDP，中部地区的河南省为八千五百五十四亿元，全国排名第五位；湖南省为五千六百四十一亿九千万元，居全国第十二位；湖北省为五千六百三十二亿元，居全国第十三位；江西省为三千四百五十六亿七千万元，排名全国第十六位。江西2005年达到四千零七十亿元，五年翻了一番，财政总收入达到四百二十亿元。江西要从中部崛起，需要全省上下齐心协力，团结奋斗，急起直追，后来争上。

■ 1985年，江西提出"教育立省"的战略决策。1990年强调"要把教育放在优先发展的战略地位"。随后加大

了对基础教育、职业教育、成人教育、师范教育的投入，促进了它们的发展。同时推动社会力量积极办学，私人和集体办学多达一千余所，其中民办高校达三十一所，在校生达五万多人。尤其重视大学教育，1991年将原江西大学与江西工业大学合并，成立新的南昌大学，随后又将江西医学院并入。1998年，南昌大学正式列入国家"二一一工程"重点建设大学行列。江西师大、江西农大、江西财大等，均有较大的发展。全省三十多所大学为全国和江西培养了众多的人才，2005年在校大学生达六十四万六千人，建成国家和省级重点实验室三十五个，工程技术研究中心和企业技术中心一百零五个，促进了经济、文化的发展。

■ 1988年提出"科技兴赣"的重大决策，1995年进一步提出"科教兴赣"的指导思想。经过十几年的努力，全

江西省科学技术馆

前景辉煌 社会主义

省已有科技活动机构四百九十八个，国有经济单位专业技术人员六十多万人，形成一支门类较为齐全的科技队伍，对全省社会经济文化建设作出了有力的支持和重大的贡献。"科教兴赣"的战略决策，是科学发展观的具体体现，是建立创新性的和谐的小康社会的正确而又明智的最重要措施，只有实事求是，一切从实际出发，努力实现一个包括观念创新、科技创新、制度创新和开放创新在内的创新体系，才是建设创新创业江西、绿色生态江西、和谐平安江西，实现具有中国特色社会主义现代化建设目标的强有力保证。

南昌大学教学楼

宜春实验中学语音教室

鄱阳一中校园

广昌县盱江镇苦竹片区宋琴初希望小学

南昌大学

江西师范大学

南昌大学图书馆

江西师范大学教学楼

南昌大学实验大楼

南昌昌东和昌北高校新园区的建成，为江西高等教育的大发展搭建了全新的平台。图为分别坐落在南昌红角洲和瑶湖的南昌大学、江西师范大学新校园

南昌大学体育场

江西师范大学学生食堂

江西赞歌 四言韵文
物华天宝

江西幅员 略同台闽
资源大省 物产丰盈

一水六山 二分耕地
盛产稻谷 充满仓廪

■ 江西土地面积十六万多平方公里，台湾土地面积三万六千平方公里，福建土地面积十二万多平方公里，台闽两省相加，略少于江西土地面积。

■ "六山一水二分田，一分道路与庄园"，大体上概括了全省的地貌。山岭旷野适宜各种动物繁殖和植物生长。地下矿产资源丰富，尤以有色金属矿和非金属矿为最。红壤特多，约占江西土地面积的百分之六十，但沿江沿湖和山丘间的开阔盆地，土地肥沃适种稻谷。1949年前夕，全省已开垦耕地近四千万亩，水稻面积约占百分之九十。正如杨万里的诗中所说，"大田耕尽却耕山"，尚可开发耕种的土地还有一千余万亩，水面约二千五百万亩，适宜养殖鱼类和水产的近五百万亩，还有近亿亩的山坦、水洲宜林宜牧，无论地面、水面，均富极大潜力。早在唐代，王勃就称赞江西"物华天宝"，宋代

欧阳修也说，"为爱江西物物佳，作诗曾向北人夸"。

■ 江西盛产稻谷和各种工农业产品，成为历代朝廷重要的财赋之区。作为江南粮仓的江西，远在北宋时，每年漕运粮食一百二十万石至汴京，占全国供应的三分之一，还不包括当时属江南东路的饶、信、江三州和南康军所输送的数量。至明代，江西每年纳粮超过二百五十万石，仍占全国十分之一以上。在近代和抗日战争时期，江西与四川、湖南为全国三个供粮大省。三年自然灾害期间，江西曾不断向中央和缺粮省市区供应粮食。

被开垦的红土地

赣南梯田

灵山梯田

赣抚平原

江南粮仓

五大山区　遍布森林　　全境植被　超越六成

松梓檀柏　柳杉银杏　　省树香樟　省花红映

四千物种　极多珍品　　动物类别　八百余名

■ 江西的五大林区，是指赣南林区、井冈山林区、幕阜山石花尖林区、信江乐安河林区、抚河林区。

■ 松树，用途广泛，树脂可提炼松香、松节油，种子可榨油、食用，园林、陵墓中广泛种植。

■ 梓树，供建筑、家具、乐器用，嫩叶可食，皮供药用（称"梓白皮"，可解热，洗疥疮）。古代村前村后多种梓树，因而故乡称"桑梓"、"梓里"、"乡梓"等，儿子称"乔梓"。梓木可雕制印书的木板，引伸为印刷，出书谓之"付梓"。

■ 柏树，供建筑、造船、家具等用途，也为观赏树。

■ 檀树，有黄檀、白檀等品种。木质极香，可制家具、扇骨，还可以入药（为芬香健胃剂）。蒸馏可得檀香油，作肥皂香料。

■ 柳杉，供建筑、电杆、桥梁、机械、造船、造纸等多种用途。树姿优美，为重要观赏树种。

■ 银杏，即白果树。种仁供食用，有小毒。木浅黄色，质细致轻软，供建筑、家具、雕刻及其他工艺品用。还可供庭园行道选用。种子可入中药，性平，微苦，敛肺定喘、治痰哮咳嗽、遗精带下、小便频数等症。

■ 樟树，亦称香樟。全树均有樟脑香气，可提取樟脑与樟油。质坚美观，制作的箱、柜等家具可防虫蛀鼠咬。可用作绿化树、行道树和园林树。

吉安市吉州区卢家洲唐代罗汉松

白果树王

树阴可覆盖六亩地的吉水县白沙镇陈家村古樟

jiangxi zange siyanyunwen

wuhuatianbao

牛羊遍野 鸡鸭成群

秋鳜冬鳊 春鲢夏鲤

■ 杜鹃花,亦称映山红,美丽娇艳,为观赏植物。1986 年 12 月 27 日,江西省六届人大第二十一次常委会通过决议,定樟树为省树,杜鹃花为省花。

■ 鳜鱼,也称桂鱼、鳈花鱼。张志和《渔父》词中"西塞山前白鹭飞,桃花流水鳜鱼肥"之句,就赞美了这种名贵的淡水食用鱼。

■ 鳊鱼,亦称长春鳊、北京鳊。肉味鲜美,可人工养殖。

■ 鲢鱼,个体大,三龄成熟,可人工繁殖。

■ 鲤鱼,品种众多,有镜鲤、革鲤、荷包鲤、红鲤等。

国家一级保护动物梅花鹿

国家一级保护动物黄腹角雉

中国特有种丝带凤蝶

人勤鱼肥

混合林

原始林

全省植物起源古老，组合复杂，种类繁多。图为全省森林资源的一个缩影

竹海

秋色

林区的天

四言韵文

物华天宝

板鸭板鸡　香菇板栗
油桐油茶　猕桃柑橘
白莲百合　甘蔗葛根
宁红婺绿　云雾狗牯

■ 板鸭、板鸡,味道醇厚可口,为下酒佐食佳肴。南安(今大余)板鸭、景德镇板鸡为国内名产。香菇、板栗,遍布全省,以安远香菇、德安板栗为最。

■ 油桐、油茶,盛产丘陵山区。桐油为工业用品。茶油清亮纯净,无污染,是食品油中佳品。猕桃,即猕猴桃,又名杨桃、羊桃,味甜,含多种维生素,为果中上品,可制果酱、酿酒,盛产赣北各县。柑橘,品种良多,著名者有南丰蜜橘、遂川金橘、信丰脐橙、南康甜柚、靖安椪柑、三湖大红袍等。

■ 白莲,性平味甘,补脾养心,莲心清热泄火,莲须固肾涩精,为广昌名产。乐安流坑所产白莲也佳。百合,性甘微寒,润肺止咳,去烦除燥,清心安神,为万载特产。甘蔗,可制红糖、白糖等,江西普遍种植,以赣州为佳。葛根,性平味寸,解饥退热,止渴消痛,治高血压、冠心病、心绞痛等,上饶、横峰等地盛产。

■ 宁红,指武宁红茶。婺绿,指婺源绿茶。云雾,指庐山云雾茶。狗牯,指遂川狗牯脑茶。上述各种茶均为江西名茶,且多次获得国内外金奖。

■ 四特,即樟树四特酒,属白酒,为周恩来总理命名。高粱,为进贤李渡所产白酒,历史悠久,近年发现元代制酒作坊。冬酒,属黄酒,吉安盛产,宋代即著名,遍产吉属各县城乡,其吉固子酒、腊八酒、堆花酒更享盛名。麻姑,即麻姑酒,南城产,以麻姑山泉酿制,香甜可口。另有铅山古汉、九江封缸、临川贡酒等,均属江西名酒。

■ 进贤文港盛产各色毛笔,畅销大江南北,远及新疆、内蒙。婺源龙尾砚,我国四大名砚之一,文人墨客视为至宝。

■ 江西物产丰盛,除上述各种名产外,还有许多本文

猕猴桃

莲田

四特高梁 冬酒麻姑
进贤羊毫 婺源龙尾

因篇幅所限未能提及者，如吴城瓜子、清江蜂蜜、新建藠头、会昌荸荠、信丰烟叶、永丰大蒜、万年贡米、广丰山羊、乐平花猪、高安黄牛、泰和乌鸡、兴国灰鹅、鄱阳银鱼、婺源红鲤、安福火腿、彭泽棉花、余江木雕、铅山竹编、广丰织草、会昌制藤、宜春漆器、万载和萍乡鞭炮等。

葛根饮料生产线

四特酒

龙尾砚石产地——婺源龙尾山

龙尾砚

茶场

南平橘海

江西剪影
物华天宝

四言韵文

从左至右分别为稀土、黄铜、钨、铀、钽铌矿石

河口镇老街

药都"药交会"

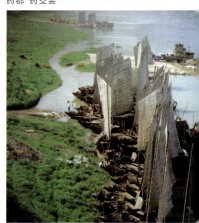

景德镇运瓷码头

矿产丰盛 一百余种　樟树药材 吴城商帮
铜钨钽铀 金银稀土　米市茶市 九江集散
景德陶瓷 河口纸张　江右商人 遍及川黔

■ 江西矿产资源丰富，计有一百五十多种，其中探明储量的一百零一种。储量居全国前三位的有十三种。铜、钨、钽、铀、金、银、稀土七种，储量既多，价值又高，被誉为"七朵金花"。

■ 景德镇盛产陶瓷，从汉代起，即已制造瓷器。明代初年设置御窑后，官窑、民窑均极发达、繁荣，为中国制瓷业中心，称"世界瓷都"。河口镇为铅山县治所在地，盛产毛边纸、连史纸、宣纸、竹纸等纸张，明清时极为兴盛。樟树镇为中药材集散地，号称"药都"。吴城镇属永修县，为修水、赣江进入鄱阳湖口岸，历代为江西竹木、稻米、各类土特产的集散地，全国各省州府多有会馆设

置，商帮云集，生意兴隆。

■ 九江为长江中游重要商埠，又当江西鄱阳湖出口左侧，号称"七省通衢"，尤以米市、茶市为盛。与汉口、芜湖鼎足而三。

■ 明清时期，商品经济逐渐活跃，全国形成山西、安徽、江西三大商帮，也称晋帮、徽帮、江右帮。江右帮商人大多在两湖、川广、云贵等省区从事商业活动。譬如，据《普洱府志》等史料记载，有大量江西先人在云南茶源之乡普洱经商，将当地的茶叶、盐巴，还有江西本地的瓷器、布匹、毛笔等特产通过茶马古道远销世界各地。他们当年在普洱府(今普洱县)内建立的江西会馆至今仍然完好。

吴城码头

九江米市码头

普洱江西会馆

德兴铜矿

江西赞歌
人杰地灵
四言韵文

澹台灭明　游学吴楚　　　　陶侃愤发　八州刺史

江西子弟　从此读书　　　　陶潜弃官　归去来辞

湛氏郑氏　教子贤母　　　　桃花源记　寄意遐思

■　相传最早在江西传播中原文化的，是孔子弟子澹台灭明（字子羽），春秋末年鲁国武城人。他的品德才学都好，但其貌不扬，孔子不喜欢，于是离开孔子，"南游至江，从弟子三百人"。孔子知道后，作了自我批评，说："吾以貌取人，失之子羽。"后来，江西人建友教书院纪念他，他的坟墓在南昌二中校园内，"文化大革命"时被毁。（子羽墓一说在陈留，一说在武城，待考。）

■　湛氏，陶侃母亲，陶潜的高祖母，东晋时新干人，是中国古代四大母亲之一。陶侃父亲早逝，她教育陶侃成才，传说她"停杼教子"、"削发留宾"、"土碗送子"、"归还干鱼"等，都是感人的故事。陶侃在她的教导下，珍惜

光阴，常说："大禹圣者，乃惜寸阴，至于众人，当惜分阴，岂可逸游荒醉，生无益于时，死无闻于后，是自弃也。"后来，陶侃任荆州、江州、广州等八州刺史，任大司马，掌管军权。

■　郑氏，名德仪，是北宋欧阳修的母亲，永丰人。欧母知书识礼，贤淑大方，也是中国古代四大母亲之一。欧阳修四岁丧父，欧母"画荻教子"，成为千古佳话。欧阳修后来成为政治家、文史学家、诗人，为唐宋八大家之一，官居参知政事。

■　陶潜（365—427），字渊明，浔阳柴桑（今九江）人，是江西历史上最早的文化名人。鲁迅称誉他是"伟大的作

澹台灭明在江西传播中原文化

陶潜画像

醉酒吟唱 田园之诗

家"。他善诗能文,不满意东晋政治的黑暗混乱,从彭泽县令上归隐庐山南麓的故园上京,躬耕田亩,自食其力,写了许多田园诗和隐居诗,也有珍惜光阴、关心时事、金刚怒目式的诗篇, 他的《归去来辞》、《桃花源记》、《五柳先生传》等,均为千古名篇,译有多种文字。

庐山南麓虎爪崖醉石,相传是陶潜醉酒地,石上刻有"归去来馆"四个大字

桃花源

龙虎山旁 道陵修行
简寂观里 修静编经

许逊治水 斩杀蛟龙
百姓怀念 遍筑寿宫

■ 中国道教创始人东汉张道陵曾到江西贵溪县境内龙虎山修行，现存正一观旧址，据传是他修行的场所。史称他得太上老君所授《正一盟威妙经》和《正一法文》，他所创道教后来称为正一派，即由此而来。道教领袖称天师，并世代相传，因而又称天师道。

■ 陆修静（406—477），庐山简寂观道士，字元德，吴兴东迁（今浙江吴兴）人。年轻时，遗弃妻子，研习道教经籍，往各处名山胜地访仙求道，南朝刘宋大明五年（461年）到达庐山，在简寂观修行十七年，编成洞真、洞玄、洞神《三洞经书》，是道教经书第一次系统的整理，对道教经典的保存和传播具有重要意义。

■ 许逊，字敬之，原籍河南汝阳。因避战乱，父亲许肃迁居南昌。许逊曾任旌阳县（今湖北枝江）令，后弃官隐居。许逊因善于治水，受到江西百姓爱戴，各处建祠庙祭祀，祈求风调雨顺，五谷丰登。宋代时，封为神功妙济真君，遂被称为"许真君"、"许旌阳"。在新建西山、南昌城中建万寿宫供其神主，并掘深井，用铁链锁住许逊所获的蛟龙。凡有江西人到的地方，就有万寿宫的存在，尤其明清时期，随着江西商人的足迹，万寿宫遍布全国，它几乎成了江西的象征。

龙虎山正一观旧址（上）和新建正一观（下）

陆修静画像

庐山简寂观遗址

许逊斩杀蛟龙雕塑及锁龙井

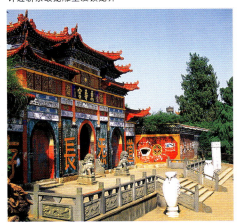

新建西山万寿宫

国内祀许真君
万寿宫图

［附注］国内祀许真君万寿宫计1300多处，分布二十省、市、自治区。其名称绝大多数名万寿宫，少数名许真君庙、旌阳祠、铁柱宫，川滇有少数名肖公庙或江西会馆、豫章会馆，均供奉许真君。

国内祀许真君万寿宫图

庐山东林寺净土殿及十八罗汉图。上排左起第一高贤图为慧远大师石刻像

东林慧远 莲宗之祖
派称净土 东瀛推崇

青原行思 传禅曹洞
马祖道一 讲法宝丰

■ 慧远(334—416),本姓贾,雁门(山西代县)楼烦人。从名僧道安学佛。用儒、道两家学说解释佛经,使学者晓然。晋太元六年(381年),慧远抵达庐山,"见庐山闲旷,可以息心",先筑龙泉精舍,后建东林寺,在庐山修行,开展传教活动。所创净土宗,也称莲宗,放弃繁琐的念经礼佛,提出"口念弥陀,心注西方,坐禅修定,息心忘知"十六字真言,代替念经礼佛,用简单方法修行学佛,从而使从印度传来的佛教普及化、大众化、中国化,使佛教由上层社会传入普通平民。东晋元兴元年(402年)他邀集刘遗民、周续之、毕颖之、宗炳、雷次宗、张野、张诠等学者居士十八高贤,研讨如何转生西方净土世界的问题,并请当时隐居在庐山的学者刘遗民著《发愿文》,在弥勒佛前宣读,以表示他们虔诚的愿望和决心。至今,国人及日本、韩国仍有众多净土宗信

徒。慧远的灵塔,安置在东林寺左后侧。

■ 行思(673?—741),本姓刘,安福人。年轻时到广东韶州曹溪南华寺,拜禅宗六祖慧能为师,后被称为七祖。行思回吉安青原山净居寺传法,后分为三宗,他五传至宜丰洞山良价,六传至宜黄曹山本寂,称为曹洞宗。七传至韶州云门山光泰禅院文偃,称云门宗。九传至金陵清凉院法眼禅师文益,称法眼宗。

■ 禅宗第八代马祖道一,原为四川什邡人,师从六祖慧能另一位大弟子南岳衡山怀让,后至江西传法,庐山马祖洞、靖安宝丰寺、鹰潭马祖岩、赣州马祖岩等,都是他传法修行的场所。他创立的门派称洪州宗,其后分为沩仰、临济二宗。禅门五宗(即曹洞、云门、法眼、沩仰、临济)放弃坐禅修定、念经礼佛,提出"放下屠刀,立地成佛",使禅宗广为传播,风行天下,成为中国佛教主流。

行思塑像

鹰潭龙虎山马祖岩

由隋至清　进士万人　　善撰词章　兴办教育

半百状元　九十宰臣　　文朱欧王　出类拔萃

神童晏殊　十四登科　　散文八家　三在吉抚

■ 隋唐至清末的科举考试制度，比春秋战国以前的世卿世禄制度和秦汉至魏晋南北朝的九品中正推荐制度，显然是一大进步。它分秀才、举人、进士三级考试，进士中前三名称状元、榜眼、探花。获得进士功名的可授以知县或相当的官职。全国进士九万八千六百八十九人，江西进士一万零五百零六人。全国状元七百二十四人，江西状元四十一人，武状元六人。因此，江西官吏也多，任宰相的二十八人，副相六十二人，共九十人。

■ 晏殊（991—1055），字同叔，谥号元献，抚州临川人，十四岁中进士，称神童，受到宋真宗喜爱。任昇王（后为仁宗皇帝）记室参军。52岁任宰相，辅佐仁宗，史称：

"自五代以来，天下学校废，兴学自（晏）殊始。"他为江西词派创始人，其"无可奈何花落去，似曾相识燕归来"等名句，至今流传，著有《珠玉词》《晏元献遗文》。

■ 欧阳修（1007—1072），字永叔，号醉翁，谥文忠，庐陵（今吉安永丰）人。仁宗天圣八年（1030年）进士。官至参知政事。提倡古文，为学应"明道致用"。他的文章诗词，自然婉转，清新平静，说理透彻，为唐宋八大家之一，宋代文坛领袖，著有《欧阳文忠公集》。

■ 曾巩（1019—1083），字子固，抚州南丰人。仁宗嘉祐二年进士。曾巩为政清廉爱民，百姓拥戴。他是唐宋八大家之一。《宋史》说："盖曾巩立言于欧阳修、王安石之

晏殊画像

欧阳修画像

曾巩画像

王安石画像

纪念欧阳修的永丰西阳宫

文史兼优 永叔子固
荆公变法 学以致用

间，纡徐而不烦，简奥而不晦，卓然自成一家。"他是一位重要的历史学家，著有《元丰类稿》。

■ 王安石（1021—1086），字介甫，号半山，抚州临川人。仁宗庆历二年（1042年）进士。年轻的神宗赵顼有志改革，支持王安石变法，任其为宰相。改革的目标为革除弊政，富国强兵。数年间取得成效。但在保守派的反对下，王安石被罢相。哲宗继位后，新法被废除。他还是唐宋八大家之一，著有《王文公文集》、《临川先生文集》。

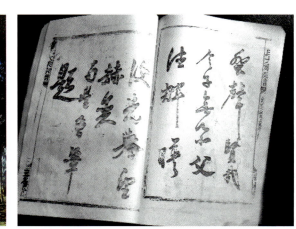

曾巩手迹

王安石与保守派辩争图

朱熹画像

陆象山画像

《鹅湖论辩》(中国画)

鹅湖书院

象山书院

文天祥画像

温州文信国公祠

文天祥被俘处——广东海丰五坡岭方饭亭

朱熹讲学 白鹿洞内   文山正气 神州传颂
朱陆争辩 鹅湖寺中

■ 朱熹(1130—1200),字元晦,又字仲晦,号晦庵,南宋婺源人。高宗绍兴十八年(1148年)进士。继承周敦颐和程颢、程颐之学,为理学集大成者,在白鹿洞书院宣传其学说。著述有《朱子语类》《朱子大全》《朱文公文集》等。

■ 陆象山(1139—1193),名九渊,字子静,号存斋,南宋金溪人。孝宗乾道八年(1172年)进士。因奏事,被贬归乡里。至邻县贵溪象山讲学,从者千人,人称象山先生。淳熙三年(1176年)与朱熹、吕祖谦等在铅山鹅湖寺进行学术辩论,史称"鹅湖之会"。淳熙八年,朱熹邀请象山至白鹿洞书院讲学,阐释义利的关系。陆象山提倡心学,认为"心即是理","宇宙便是吾心,吾心即是宇宙",不同意朱熹的"道问学"之说。

■ 文天祥(1236—1283),字履善,又字宋瑞,号文山,南宋庐陵人。理宗宝祐四年(1256年),中进士第一名状元。恭帝德祐元年(1275年),蒙古兵南下,文天祥从赣州起兵勤王,募义军万余人,入卫临安府(南宋京城),奉命以右丞相兼枢密使,赴蒙营谈判,因与敌抗争,被拘留,押往大都途中,至镇江逃脱,由海路至温州,与张世杰、陆秀夫等汇合,于福州拥益王赵昰为帝,即端宗。天祥率军入赣,拟收复失地,后退入广东,于端宗祥兴元年(1278年)在海丰五坡岭被俘,蒙将张弘范命其招降张世杰,天祥以《过零丁洋》诗回答:"人生自古谁无死,留取丹心照汗青",表示坚贞不屈的意志。在大都被囚三年,忽必烈软硬兼施,美女厚禄,许以丞相兼枢密使高位,均遭拒绝。在狱中又作《正气歌》,准备就义。元世祖至元十九年十二月(1283年1月)在大都柴市口慷慨捐躯。著有《文山先生全集》。

北京府学胡同内文天祥祠旧址,文天祥囚此三年

吉安县采茶剧团《文天祥》剧照

册府元龟　类书津梁

江西诗派　庭坚首创

诚斋诗风　清新流畅

姜夔之词　音律无双

文献通考　典章精详

岛夷志略　记述远航

■ 王钦若(960—1025),字定国,新余人。宋太宗淳化三年(992年)进士。在真宗、仁宗两朝为相。他主编《册府元龟》,辑录五代以前历朝君臣事迹,为宋代最大的一部类书。

■ 黄庭坚(1045—1105),字鲁直,号山谷道人,分宁(今修水)人。英宗治平四年(1067年)进士。他善诗文,精书法。创江西诗派。与张耒、秦观、晁无咎称苏(轼)门"四大弟子"。书法善长行、草,气势纵横,与苏东坡、米芾、蔡襄称"宋四家"。著有《山谷集》等。

■ 杨万里(1127—1206),字廷秀,号诚斋,吉水人。高宗绍兴二十四年(1154年)进士。善诗能文,与尤袤、范成大、陆游称"中兴四大诗人"。诗吸取民歌精华,清新流畅,平易自然,诸如"小荷才露尖尖角,早有蜻蜓立上头"名句,广为流传,称"诚斋体"。

■ 姜夔(约1155—约1221),字尧章,号白石道人,鄱阳人。试进士不中。他的诗具有"清妙秀远"的风韵,词作更讲究音律炼句。王国维《人间词话》说:"古今词人格调之高,无如白石。"有词集《白石道人歌曲》。

■ 马端临(1254—1323),字贵与,号竹洲,乐平人。积二十余年之力,完成三百四十八卷的史学巨著《文献通考》,记载自上古至宋代宁宗时期的典章制度沿革,是研究中国古代典章制度的重要著作,特别为研究宋代

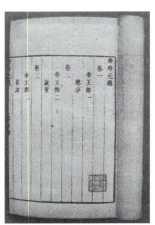

王钦若主编的《册府元龟》

黄庭坚自作画像石刻

修水南山崖上刻着黄庭坚手书"佛"字

杨万里画像

姜夔画像

永乐大典 解缙担纲

历史提供了大量资料。

■ 汪大渊,字焕章,元代南昌人。他随商船出海考察,两次泛游东西洋,至波斯湾、阿拉伯、西非海岸、澳洲等地。记述各地风俗民情、地名物产,共一百条,称《岛夷志略》,对研究元代中西交通和沿海诸国历史,具有重要参考价值。

■ 解缙(1369—1415),字大绅,吉水人。明太祖洪武二十一年(1388年)进士。在洪武、永乐两朝先后任中书庶吉士、御史、翰林院待诏、直文渊阁、侍读学士、翰林学士兼右春坊大学士等。以"私觐太子"罪下狱,被冤死狱中。主持编修《永乐大典》,另著有《解文毅集》等。

马端临画像

《文献通考》书影

中国航海第一人汪大渊航海示意图

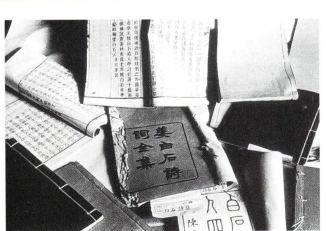
姜夔部分著作

解缙画像

《永乐大典》书影

汤氏显祖 情倾四梦　　雷氏发达 建筑宫苑

宋氏应星 天工开物　　园林掌案 七代相传

八大山人 哭笑画坛　　蒋氏士铨 蜚声梨园

■ 汤显祖（1550—1617），字义仍，号海若，别号清远道人，抚州临川人。明神宗万历十一年（1583年）进士。历任南京太常寺博士、南京詹事府主薄、礼部主事、广东徐闻县典史、浙江遂昌知县。后弃官归里，专事著述，家居二十余年间著《紫箫记》、《还魂记》（即《牡丹亭》）、《南柯记》、《邯郸记》，称《临川四梦》。其中以《还魂记》最负盛名，至今演出不息。另有《玉茗堂集》二十九卷。

■ 宋应星（1587—？），字长庚，奉新人。曾中举人。历任分宜教谕、汀州推官、亳州知州等。此时，正逢明末农民起义和随后的清兵入关，战乱中，宋应星下落不明。他所著《天工开物》，是总结明代农业和手工业生产技术的名著。全书十八卷三编，每卷介绍一项生产技术和经验及应用工具，既作详细说明，又附插图，适于实用，受到国内外的普遍欢迎。

■ 八大山人（1624或1726—1705），姓朱名耷，字雪个，号八大山人，南昌人。明代宁王朱权的后裔。明亡后，出家避难，流落南昌、抚州等地。善书法，行草特佳，尤喜绘画，笔墨洒脱，为写意派大师。因含亡国之恨，所作鸟兽多白眼或只眼向人，所绘莲荷多残叶枯枝摇坠，而所署"八大山人"四字行书，犹如"哭之"、"笑之"。有《八大山人书画册》、《八大山人诗钞》等。

■ 雷发达（1619—1693），永修人。他从事建筑业，工艺

汤显祖塑像

四梦园

流风余韵 竟及光宣

达到当时最高水平,应募赴北京修建皇室宫殿,且六代继承祖业,均为工部样式房掌案,直至光绪末年。修建了故宫三大殿(太和殿、中和殿、保和殿),设计建造了圆明园、颐和园等清宫廷园林。当年绘制的工程图纸,有数百幅保存至今。雷发达及其子孙修建和参与设计建造的故宫、天坛、颐和园、避暑山庄及清东、西二陵,均已成为世界文化遗产,列入《世界遗产名录》。

■ 蒋士铨(1725—1785),字心余,又字苕生,号清容,又号藏园,江西铅山人。乾隆二十二年(1757年)进士。工诗善曲,与袁枚、赵翼齐名,称"江右三大家"。著有《忠雅堂全集》、《诗集》、《铜弦词》、《红雪楼九种曲》等。

八大山人画像

八大山人作品

宋应星画像

《天工开物》书影

雷发达画像

蒋士铨著作

雷发达及其子孙修建的故宫太和殿、天坛

陈三立像

陈寅恪像

陈氏散原 同光诗体
其子寅恪 国学大师

■ 陈三立(1852—1937)，字伯严、散原，江西义宁(今修水)人。清光绪十二年(1886年)进士。助父亲湖南巡抚陈宝箴推行新法，慈禧太后发动戊戌政变，陈宝箴被罢官，陈三立也被革职。与友人合作创办江西铁路公司，修南浔铁路。反对日本对中国的侵略，七七事变后，在北京绝食身亡。以诗闻名于世，是同光(同治、光绪)体诗坛的领袖之一。

■ 陈寅恪(1890—1969)，陈三立之子。先后往日本、瑞士苏黎世、德国柏林、法国巴黎和美国哈佛等大学学习。通晓英、德、法、拉丁、希腊、梵、满、蒙、藏等十三种文字。返国后在清华、西南联大、香港、广西等大学执教，任南京中央研究院历史语言研究所研究员、故宫博物院院长等职。1949年后，任岭南大学和中山大学教授、中央文史馆副馆长、中国科学院哲学社会部委员、

海底日术上屋头犀鹘喧晨
兴溪馆迎坐听橹声烦出户
望行舟羡心为野猿慕春
余亦去为见故人言

卤尊仁兄雅正 散原陈三立

陈三立行书五言诗

嶺南學報
第十卷 第一期
一九四九年十二月

1949年12月《岭南学报》第十卷第一期刊载陈寅恪四篇论文

詹天佑像

詹天佑全家在铁路工地宿营

江西通志稿

吴宗慈费十年之功编修的《江西通志稿》(共一百卷)

詹氏天佑 铁路之父
吴氏宗慈 倾注省史
黄氏远庸 评论高手

全国政协常务委员。对魏晋南北朝史、隋唐史、蒙古史和梵文、突厥文、西夏文及佛教经典等有深入精湛的研究，著有《陈寅恪集》。

■ 詹天佑（1861—1919），字眷诚，婺源人。幼年即留学美国，获耶鲁大学土木工程及铁路专科学士学位。光绪七年（1881年）回国，参加修筑津榆、锦州、萍醴、新易、潮汕等铁路。光绪三十一年（1905年）年负责京张铁路修建，凿通八达岭隧道，首创"人"字形轨道解决青龙桥上下坡难题。又任张绥、川汉、粤汉等铁路总工程师兼会办、总理。获"工科进士"衔，此匾悬挂于婺源故里。民国二年（1913年）任中华总工程师学会学长。著有《京张铁路工程纪略》等。

■ 吴宗慈（1878—1951），南丰人。辛亥革命前后追随孙中山参加国民革命。后与友人合作兴办实业，遭受挫折。乃弃商从学，编修《庐山续志》。1939年起，致力编修《江西通志稿》。曾任江西省人民政府参事室参事。另著有《江西省八十三县沿革考略》、《江西文字狱案汇编》、《新人物志》等。

■ 黄远庸（1885—1915），名为基，又字远生，清代德化（今九江）人。光绪三十年（1904年），为中国科举最后一届的进士，与陈叔通、谭延恺等同科。赴日本学习法律、英语。宣统元年（1909年）回国，任邮传部员外郎、参议厅行走、编译局纂修官。辛亥革命后弃官不仕，投身新闻工作并兼律师，任上海《申报》、《时报》驻京记者及多种报纸、杂志撰稿人。善于词章，所作评论关切国家大事和政治动态，力主民主共和，反对帝制复辟，为新闻界所推重，却为袁世凯所忌恨，乃出国避祸，远走旧金山，被袁世凯所遣特务杀害。有《远生遗著》传世。

黄远庸像

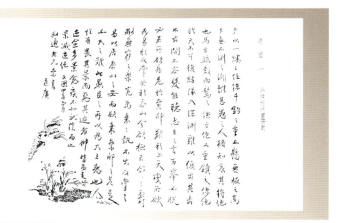
黄远庸为陈叔通书册页

江西历代状元表

朝代	姓名	籍贯	中状元年代	附注
唐	卢肇	宜春	843年	
唐	易重	宜春	845年	
南唐	伍乔	九江	南唐元宗时	
南唐	邓及	新建	南唐元宗时	
北宋	马适	湖口	962年	
北宋	胡旦	德安	978年	
北宋	郑獬	宁都	1053年	
北宋	刘辉	铅山	1059年	
北宋	彭汝砺	鄱阳	1065年	
北宋	何昌言	新干	1097年	
北宋	何涣	余干	1121年	
南宋	汪洋	玉山	1135年	(皇帝赐名应辰)
南宋	徐元杰	上饶	1232年	
南宋	张渊微	黎川	1247年	
南宋	姚勉	宜丰	1253年	
南宋	文天祥	吉安	1256年	
元	笃列图	广丰	1330年	为蒙古色目人
元	薛朝晤		1350年	
元	曾旦初	临川	1353年	
明	吴伯宗	金溪	1371年	一说临川人
明	胡广	吉水	1400年	
明	曾棨	永丰	1404年	
明	萧时中	吉安	1411年	原名可,以字行
明	陈循	泰和	1415年	
明	曾鹤龄	泰和	1421年	
明	刘俨	吉水	1442年	
明	彭时	安福	1448年	
明	王一夔	新建	1460年	原姓谢
明	彭教	吉水	1464年	
明	罗伦	永丰	1466年	
明	张升	南城	1469年	
明	曾彦	泰和	1478年	
明	费宏	铅山	1487年	
明	舒芬	进贤	1517年	
明	罗洪先	吉水	1527年	
明	刘同升	吉水	1637年	
清	刘子壮	清江	1649年	
清	戴衢亨	大余	1778年	
清	汪鸣相	彭泽	1833年	
清	刘绎	永丰	1835年	
清	刘福姚	吉安	1892年	寄籍广西

　　有资料载,南唐吉安人王克贞、南唐宜黄人乐史,明代吉安人杨慎三人均为状元。据《吉安县志》、《宜黄县志》、《中国历代名人辞典》、《江西历代人物辞典》等载,王克贞、乐史二人只是进士,未中状元。杨慎无中状元记载,只有中进士记载,他是四川新都人,不是吉安人。

江西历代武状元表

朝代	姓名	籍贯	中状元年代	附注
北宋	吕廷彦	广丰	1065年	
北宋	徐衡	乐平	1106年	
明	文武	九江	1637年	
清	秦藩信	永修	1667年	
清	汪道诚	乐平	1809年	
清	张鸿翥	鄱阳	1894年	

江西历代宰辅表

朝代	姓名	籍贯	官职	任职时间
南朝	黄法氍	乐安	侍中	570年
唐	*钟绍京	兴国	中书令	710年
唐	*舒元舆	九江	同中书门下平章事	835年
唐	钟传	高安	中书令	884年
南汉	*王定保	南昌	中书侍郎平章事	南汉初年
吴越	*元德昭	南城	丞相	钱元瓘时
南唐	*宋齐丘	吉安	中书令	吴国杨溥时开始
南唐	李征古	宜春	枢密副使	李璟时
南唐	陈乔	峡江	光政院辅政	961年
后晋	童发	德兴	尚书仆射	943年
楚	刘言	吉安	武平军节度使	954年
北宋	陈恕	南昌	尚书左丞	991年
北宋	陈彭年	南城	参知政事	1016年
北宋	*王钦若	新余	尚书左仆射	1017年
北宋	夏竦	德安	枢密使	1029年
北宋	李谘	新余	知枢密院事	1033年
北宋	*晏殊	临川	集贤殿学士同平章事	1042年
北宋	*陈执中	南昌	观文殿大学士	1045年
北宋	*刘沆	永新	同中书门下平章事	1054年
北宋	欧阳修	永丰	参知政事	1061年
北宋	*王安石	临川	同中书门下平章事	1070年
北宋	王韶	德安	枢密副使	1074年
北宋	王安礼	临川	资政殿学士	1083年
北宋	刘奉世	樟树	签书枢密院事	1092年
北宋	邓润甫	南城	尚书左丞	1094年
北宋	*曾布	南丰	右仆射	1100年
北宋	吴居厚	进贤	知枢密院事	1106年
北宋	聂昌	临川	同知枢密院事	1126年
北宋	王寓	九江	尚书左丞	1126年
南宋	徐俯	修水	参知政事	1133年
南宋	程克俊	浮梁	权参知政事	1142年
南宋	余尧弼	上饶	参知政事	1148年
南宋	董德元	乐安	参知政事	1155年
南宋	*陈康伯	弋阳	左仆射	1159年
南宋	汪澈	浮梁	枢密使	1162年
南宋	洪遵	鄱阳	同知枢密院事	1163年
南宋	张焘	德兴	参知政事	1163年
南宋	*洪适	鄱阳	同中书门下平章事	1165年
南宋	王刚中	乐平	同知枢密院事	1165年
南宋	*周必大	吉安	左丞相	1187年
南宋	施师点	上饶	知枢密院事	1187年
南宋	萧燧	新余	参知政事	1188年
南宋	*赵汝愚	余干	枢密使	1194年
南宋	罗点	崇仁	签书枢密院事	1194年
南宋	*京镗	南昌	左丞相	1196年
南宋	袁说友	吉安	参知政事	1202年
南宋	刘德秀	丰城	签书枢密院事	1205年
南宋	雷孝友	宜丰	知枢密院事	1208年
南宋	刘伯正	余干	权参知政事	1244年
南宋	包恢	南城	签书枢密院事	1266年
南宋	*江万里	都昌	左丞相	1269年
南宋	*马廷鸾	乐平	右丞相	1269年
南宋	陈宗礼	南丰	签书枢密院事	1270年
南宋	*章鉴	修水	右丞相	1274年
南宋	曾渊子	金溪	同知枢密院事	1275年
南宋	*文天祥	吉安	右丞相	1276年
元	危素	金溪	参知政事	1360年
明	王溥	余江	中书右丞	1368年
明	*黄子澄	分宜	太常卿	1398年
明	解缙	吉水	入内阁	1402年
明	胡俨	南昌	入内阁	1402年

江西历代文武状元、宰辅、科学技术专家表

宰辅,指宰相、副相及相当于宰相、副相的人物。姓名前加"＊"者为宰相或相当于宰相,其余为副相或相当于副相。

江西历代科学技术专家表

朝代	姓名	籍贯	职衔	专长	贡献或著述
两晋	雷焕	南昌	县令	天文	发现宝剑
东晋	许逊	南昌	县令	水利	治水除害
唐	霍仲初	浮梁	窑主	陶瓷	制造陶瓷
唐	陶玉	浮梁	窑主	陶瓷	称假玉器
唐	万振	南昌	医生	医术	能治奇疾
唐	萧是护	吉安	医生	医术	
唐	胡超僧	南昌	医生	医术	向武后献药
唐	郭常	鄱阳	医生	医术	善治奇难病
南唐	曾文辿	宁都	风水	堪舆	《八分歌》
南唐	刘江东	于都	风水	堪舆	《囊经》
北宋	乐史	宜黄	知州	地理	《太平寰宇记》
北宋	刘元宾	安福	参军	医术	《伤寒论》等
北宋	侯叔献	宜黄	水监	水利	疏浚汴河
北宋	曾安止	泰和	进士	农业	《禾谱》、《车说》
北宋	张潜	德兴		冶金	《浸铜要略》
南宋	曾民瞻	永丰	进士	天文	《晷漏》
南宋	廖瑀	宁都		堪舆	《怀玉经》
南宋	傅伯通	德兴		堪舆	劝南宋迁都
南宋	周执羔	弋阳	进士	天文	《五星测验》
南宋	李浩	临川	修撰	医术	《伤寒钤法》
南宋	刘清之	樟树	进士	农学	《农书》
南宋	陈自明	临川	教授	医术	《妇科大全良方》
南宋	舒翁	吉安		陶艺	黑陶制品
南宋	舒娇	吉安		陶艺	黑陶制品
南宋	应垕	宜黄		天文	《义府》
南宋	孙羲	丰城		天文	六历论、太极图
南宋	江吉	婺源		医术	御医
元	彭丝	安福		数学	《算经图释》
元	朱思本	临川		地理	《舆地图》
元	潘涛	上高		医术	《医学绳量》
元	赵友钦	鄱阳		天文	《革象新书》
元	黄大明	临川		医术	《伤寒总要》等
元	危亦林	南丰	教授	医学	全麻、骨折悬吊首创
元	严寿逸	南城	教授	医学	《仲景论评》
元	解子尚	吉水		天文	《天文新历》
元	熊自得	丰城	提举	地理	《析津志》
元	王东野	永新	御医	医术	《本草纲目经》
元	董起潜	乐安		医术	专治疑难病症
明	章夏	鄱阳		农学	《农圃通谕》
明	吴伯宗	金溪	状元	天文	
明	萧九贤	会昌		医学	《回生要义》
明	周渠	吉水	同知	水利	整治黄埔江等
明	崔国懋			瓷艺	仿宣德瓷高手
明	昊十九	浮梁		瓷艺	卵幕杯流霞盏
明	钟家凤	赣县		堪舆	《选卜堪舆书》
明	罗亨平	南昌		医学	《医学探精》
明	胡映日	南昌		天文等	《易象图说》
清	喻昌	新建		医术	《医门法律》等
清	雷发达	永修	掌案	建筑	皇家宫苑建筑师
清	曾宗发	寻乌	知府	农学	教水车木犁晚稻
清	汪绂	婺源		医学	《医林辑略探源》
清	李孝洪	临川	进士	地理	《水经图说》
清	江永	婺源		水利	水碓、风车等,称"通天地人之儒"
清	李荣升	万载	进士	天文	《天文考辨》等
清	纪大奎	临川	知县	地理	《双桂堂稿》等
清	王子音	武宁	知州	地理	《古今地理述》
清	王凤生	婺源	知府	水利	《浙西水利图说》
清	齐彦槐	婺源	进士	天文	浑天仪中星仪等
清	董桂科	婺源	进士	天文	《天球浅说》等
清	余煌	婺源	举人	天文	《日星测时新志》
清	陈重光	泰和	知府	水利	建陈公桥陈公阁
清	傅九渊	上高	进士	数学	《有不为斋算学》
清	余丽元	婺源	知府	数学	《卦变考》、《算数》
清	梅启照	南昌	进士	数学	《天学回答》
清	吴嘉善	南丰	进士	数学	《算书》、《四元浅释》
清	潘纪恩	婺源	同知	水利	筑堤防海塘垦田
清	潘文元	婺源		医术	《女科症治》等
清	尹嘉实	于都		医术	《脉诀辩微》等
清	邓斐	黎川		医术	《药房集》等
清	刘荣登	吉水	贡生	地理	注《方舆记教学》
清	许期	万安	御医	医术	太医院掌院
清	李士林	吉安		地理	《地理辩正谈》
清	李大昌	遂川		医术	《眼科宝镜录》
清	汪日伟	乐平	贡生	地理	《各直省水通考》
清	罗亨平	南昌	岁贡	医学	《医学采精》等
清	周视	泰和		堪舆	《风水庭训》等
清	俞寒	婺源		天文	《西学辩疑》等
清	黄俊	赣县		天文	《观星要诀》等
清	洪燮	高安	诸生	园艺	《避异传》
清	黄梦兰	上高		医术	《自鸣草医案》
清	龚起元	南昌	贡生	天文	《泽天经纬仪》
清	章穆	鄱阳	诸生	保健	《食物辨》、《伤寒论》
清	曾震	万安	附贡	医术	《杂病歌》、《痧证论》
清	蔡宗玉	遂川		医术	《医书汇参辑解》
清	詹天佑	婺源	留学	铁路	《京张铁路工程纪略》

胡氏先骕 植物分类
吴氏有训 献身科技

邹氏韬奋 媒体巨擘
熊氏佛西 编演戏剧

■ 胡先骕(1894—1968)，字步曾，新建人。留学美国加州大学、哈弗大学，获植物学博士学位。回国后曾任南京东南大学、南京高师、北京大学、北京师大教授及中正大学第一任校长，为"中央研究院"院士。创办庐山植物园。中华人民共和国成立后，任中国科学院植物研究所研究员。毕生致力于植物分类学、古植物学、经济植物学的教学和研究。著有《经济植物学》、《植物分类学简编》等。

■ 吴有训(1897—1977)，字正之，高安人。留学美国芝加哥大学物理系，获哲学博士学位后回国。曾任江西大学筹备委员和清华、西南联大、上海交大教授及中国科学院副院长。著有《康普顿效应》、《论X射线的吸收》等，为中国近代物理学奠基者之一。

■ 邹韬奋(1898—1944)，名恩润，余江人。曾主编《生活周刊》，创办生活书店。在香港主编《大众生活》、《生活日报》等。九一八事变后，积极参加抗日救亡运动，后流亡美、苏及欧洲国家。回国后，主张停止内战，一致抗日。于1936年11月23日，与救国会诸领袖共七人被国民政府逮捕，称"七君子"。获释后，主编《抗战》、《全民抗战》等刊物，1944年病逝于上海。中共中央根据其生前申请，追认为中共正式党员。著有《韬奋文集》。

■ 熊佛西(1902—1965)，原名福禧，丰城人。赴美国哥伦比亚大学学习戏剧，获文学硕士学位。回国后，先后任教于国立北平大学、燕京大学、北平艺术专科学校，主编《戏剧与文艺》、《文学创作》、《当代文艺》等刊物。中华人民共和国成立后，任全国文联副主席、上海戏剧学院院长。著有《屠夫》、《赛金花》、《上海滩的春天》等剧作数十种。

胡先骕像

庐山植物园

吴有训像

邹韬奋像

熊佛西像

熊佛西工作照

熊佛西导演的《文成公主》剧照

"七君子"获释后与杜重远、马相伯合影,左五为邹韬奋

庐山植物园创始人胡先骕(前左)与著名植物学家秉志(前中)、泰仁昌(前右)等合影

吴有训科教馆

傅抱石像

梅汝璈像

傅抱石与关山月合作的《江山如此多娇》

远东国际军事法庭法官席上的梅汝璈(右二)

傅氏抱石 革新国画
梅氏汝璈 执法东京

郭氏大力 译界骑士
黄氏家驷 精通西医

■ 傅抱石（1904—1965），新余人。1933年公费留学日本，1935年回国，在南京"中央大学"任教。先后任江苏国画院院长、南京师范学院教授、江苏美术家协会主席、中国美术家协会副主席等。所绘山水突破明清和近代工笔及写意画法。著有《中国绘画理论》、《中国绘画变迁史》、《山水人物画技法》等。代表作有与关山月合作的《江山如此多娇》和《傅抱石画集》。

■ 梅汝璈（1904—1973），字亚轩，南昌人。1916年进北京清华学校学习。1924年赴美留学，先后获斯坦福大学文科学士、芝加哥大学法学博士学位。1946至1948年，代表中国出任远东国际军事法庭法官，参与对日本在第二次世界大战和侵华战争中负有主要责任的战争罪犯的审判。著有《远东国际军事法庭》。

■ 郭大力（1905—1976），南康人。就读于厦门大学、大

夏大学。历任上海中学教员、厦门大学教授、中央党校政治教研室主任、中国科学院哲学社会部委员及全国政协委员、全国人大代表等。1927年，与王亚南决心合作翻译马克思的巨著《资本论》，至1938年，一百八十万字的《资本论》中译本在上海出版。1957年加入中国共产党。

■ 黄家驷（1906—1984），玉山人。先后获燕京大学学士学位、北京协和医学院博士学位。1941年赴美国密执安大学研究院胸外科学习。1945年回国。1955年加入中国共产党。历任上海第一医学院副院长、中国医学科学院院长、中国科协副主席、中华医学会副会长、中华外科协会副会长、中国生物医学工程学会理事长、中国医大校长、首都医大校长、中国科学院学部委员及多届全国人大代表和政协委员，还任苏联医学科学院院士、印度医学科学院院士。主编《外科学》，另有多种专著。

郭大力翻译《资本论》的部分章节是在他家乡的这间陋室里完成的

郭大力像

黄家驷像

黄家驷为《玉山县志》题词

江西赞歌

赖氏传珠　陈氏奇涵
更有萧华　捷报频传

主席亲授　上将军衔
贺氏子珍　巾帼英雄

■ 赖传珠（1910—1965），赣县人。历任红四军连党代表、第三十三团团长兼政治委员、第三十七师政治委员、新四军参谋长、北京军区政委、国防委员会委员等职。1955年被授予上将军衔。

■ 陈奇涵（1897—1981），兴国人。1925年入黄埔军校，同年加入中国共产党。历任南昌军官教育团参谋长、红三军教育团团长、红三军和红四军参谋长、江西军区参谋长、军委参谋部长兼延安卫戍司令、辽宁军区司令员、东北军区参谋长、江西军区司令员、国防委员会委员、全国人大常委，是中共七大代表、第八届候补中央委员、第九至十一届中央委员。1955年被授予上将军衔。

■ 萧华（1916—1985），兴国人。1930年参加中国工农红军，同年加入中国共产党。历任共青团兴国县委书记，红四军连、营、团政治委员，红军总政治部青年部部长、红一军团第二师政治委员，八路军一一五师政治部副主任、辽东军区司令员兼政治委员，中共辽东省委书记、第四野战军特种兵司令员，空军政治委员、总政治部主任、中央军委副秘书长、兰州军区第一政委，国防委员会委员、全国政协副主席，中共第八、十一、十二届中央委员。参加了长征。1955年被授予上将军衔。

■ 贺子珍（1909—1984），女，永新人。1926年加入中国共产党。1927年和其兄贺敏学会同王新亚、袁文才等农民自卫军攻占永新县城。任共青团永新县委书记、吉安妇女协会组织部长、中共永新县委负责人。参加毛泽东领导的井冈山斗争，与毛泽东结婚。1935年参加长征。1937年至1947年间赴苏联治病、学习。中华人民共和国成立后在浙江省杭州市妇联任职，1979年当选为全国政协委员。

赖传珠像

陈奇涵像

萧华像

赖传珠(左二)在新四军江北指挥部

贺子珍像

1935 年贺子珍与毛泽东在延安凤凰山居所

1939 年贺子珍(前排坐者右二)在莫斯科东方大学

1958 年贺子珍在南昌

1926 年 12 月中共临川支部成员合影,右起第六人为陈奇涵

萧华回到家乡,乡亲们仍亲切地"萧师长"、"萧军长"叫个不停

江西赞歌 四言韵文

人杰地灵

李氏井泉　许氏德珩
余氏秋里　康氏克清

四位先行　历尽艰辛
国家领导　开国元勋

■ 李井泉（1909—1989），临川人。1926年秋加入中国国民党。1927年参加八一南昌起义。1930年加入中国共产党。历任红三十五军政委、八路军一二〇师三五八旅政委、晋绥军区政委、二十兵团政委、中共四川省委书记、中共四川省委第一书记、四川省人民政府主席、中共中央西北局第一书记、全国人大副委员长、中共中央政治局委员、中共中央顾问委员会常务委员。

■ 许德珩（1890—1990），字楚生，九江人。先后参加辛亥革命、二次革命，为五四运动学生领袖之一。先后任中山、北京、上海、暨南等大学教授。积极参加抗日爱国活动，组织九三学社。曾任九三学社中央主席、水产部部长、全国政协副主席、全国人大副委员长。1979年加入中国共产党。著有《社会学讲话》、《中日关系及其现状》。

■ 余秋里（1914—1999），吉安人。1931年加入中国共产党。历任连指导员、军团保卫队队长、团政委、第一野战军一军副政委、中央军委总财务部部长和总后勤部政委、石油工业部部长、国家计委主任、国务院副总理、中共中央军委副秘书长、中共中央书记处书记等，是中共第九、十届中央委员，十一、十二届中央政治局委员。长征时失去左臂。1955年被授予中将军衔。

■ 康克清（1912—1992），女，万安人。1928年参加万安暴动，任乡农协秘书。在井冈山斗争时期，与朱德结婚。1931年加入中国共产党。历任红一方面军总部女子义勇队队长、红军总司令部交通大队政治委员和直属队政治指导员、晋东南妇女救国会主任，是中共七大代表。中华人民共和国成立后，曾任全国妇联主席、全国政协副主席、中共中央委员、中国人民保卫儿童全国委员会主席等职务。

112

江西赞歌·四言韵文·人杰地灵

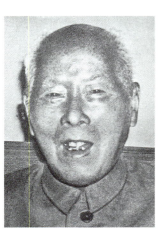
李井泉像

李井泉在家乡

许德珩像

许德珩在政协第一届全体会议上发言

余秋里像

余秋里鼓励家乡人民把经济建设搞上去

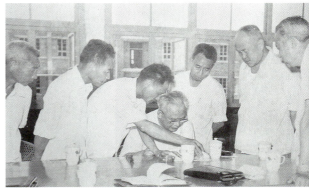

1983 年 5 月 22 日，余秋里（左四）回到家乡

康克清像

1988 年，康克清为"全国儿童美术"作品展览开幕式剪彩

康克清与朱德在一起

江西赞歌 四言韵文

人杰地灵

青年学子　名列前榜

文艺先锋　屡捧大奖

体育健儿　勇摘桂冠

白衣战士　送走瘟神

■ 1958年7月1日，毛泽东作《七律二首·送瘟神》：

读六月三十日《人民日报》，余江县消灭了血吸虫。浮想联翩，夜不能寐。微风拂煦，旭日临窗。遥望南天，欣然命笔。

绿水青山枉自多，华佗无奈小虫何！
千村薜荔人遗矢，万户萧疏鬼唱歌。
坐地日行八万里，巡天遥看一千河。
牛郎欲问瘟神事，一样悲欢逐逝波。

其二

春风杨柳万千条，六亿神州尽舜尧。
红雨随心翻作浪，青山着意化为桥。
天连五岭银锄落，地动三河铁臂摇。
借问瘟君欲何往，纸船明烛照天烧。

■ 《豫章丛书》，是江西地方文献资料的汇编，计有两套，互不雷同。一套为新建人陶福履(1853—1911)所编，收集江西先人著书二十六种，四十八卷；一套为宜丰人胡思敬(1869—1922)所编，收书一百零三种，六百五十卷。两者共计收刊自唐迄清书籍一百二十九种，五百九十八卷，除《庐山纪事》、《皇明西江诗选》二书为外省学人所撰外，余均为江西学人所著。《豫章丛书》编者有一规定，凡属已经刊刻和通行者均不收入，因此，它都是收集各类手稿、遗著、稀有和珍贵版本汇集而成，这就决定了它的重大价值。1996年，江西成立《豫章丛书》整理组织委员会和编辑委员会，拟将两套《豫章丛书》合而为一，按照现今的需要和有关的规定，重新整理编辑出版，现已由江西教育出版社出版，共十八册。

■ 《江西古文精华丛书》，上世纪九十年代初，江西省

莘莘学子，踌躇满志

百花齐放，推陈出新

江西文化　博大精深

社会科学院、江西大学、江西师范大学、江西教育学院十几位文史哲等方面的专家和教授，在江西人民出版社负责人和责任编辑等参与下，经十余年的艰苦努力，从大量江西古籍中，精选编注江西先哲所撰有代表性和典型性的各类文章共九百余篇及诗词数百首，现已出版《奏议卷》、《史学卷》、《碑记卷》、《诗词卷》、《散文卷》、《游记卷》、《序跋卷》、《笔记卷》、《书信卷》、《传记卷》，计三百万字。

坚持不懈，送走瘟神

巅峰，健儿夺金

繁荣学术，传播文化。图为《豫章丛书》和《江西古文精华丛书》

精神文明建设
五个一工程奖

中共中央宣传部

井冈山　　两个孩子和狗　　夫唱妻和

京九情　　黑天鹅　　沈鸿　　武德上

古井巷　　远山　　乡里法官

广播剧

《过年》　　　　　《铁窗英魂》

《袁庭钰的故事》　《大禹的传说》

《正气歌》　　　　《马克思的一天》

《神羊峰》

图书

理论文献电视片

共和国之魂　共和国摇篮

军旗从这里升起

理论文章

论毛泽东邓小平的开拓创新精神

江西省在中共中央宣传部组织的历届精神文明建设"五个一工程"评选中连续获奖,屡创佳绩。图为获奖作品

毛泽东与斯诺

电影 讨袁军总司令 共和

信念

天缘

兵哥兵妹

★八一 我们的连队

戏剧 山歌情

榨油坊风情

歌曲 映山红

为了谁

爸爸

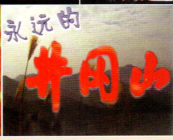
永远的井冈山

山里山外

筑成我们新的长城

光辉的旗帜

中华正气歌

我的中国

一百个中国孩子的梦

从民主新路到依法治国

国家行动 峡大移民

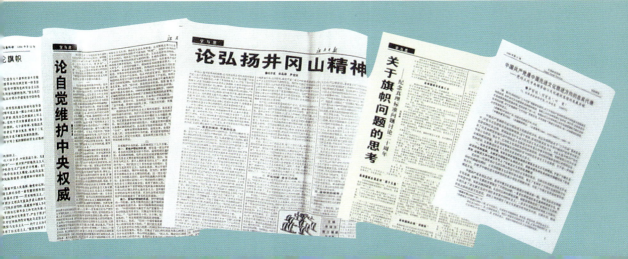

江西旅游 前途无量
自然人文 相得益彰
名胜古迹 遍布城乡

先哲名贤 为国争光
十位大师 纪念有馆
万部文集 尽情观赏

■ 江西山川秀丽，名人众多，革命胜迹遍布，旅游观光事业前途无量。这里再试举明代两位著名人物：

陈诚，字子鲁，号竹山，明代吉水人。洪武二十七年（1394 年）进士。为明初著名外交官，曾出使安南（今越南）、哈里（今阿富汗）、赛马尔堪（今乌兹别克）等中亚十七国。著有《西域行程记》《使西域志》《西域番国志》《陈竹山文集》。

夏言（1482—1548），字公谨，号桂洲，明代贵溪人。武宗正德十二年（1517 年）进士。官至武英殿大学士，内阁首辅，上柱国。著有《桂洲集》《赐闲堂稿》等。他任兵科给事中时，建议在京郊修缮和建筑天、地、日、月四坛，世宗欢喜，令按照夏言意见建坛，并命其监工。北京有天、地、日、月四坛，由此开始。

■ 1983 年起，江西先后建有十大历史名人纪念馆：陶渊明纪念馆，在九江；欧阳修纪念馆，在永丰；曾巩纪念馆，在南丰；王安石纪念馆，在抚州；黄庭坚纪念馆，在修水；朱熹纪念馆，在庐山白鹿洞书院；文天祥纪念馆，在吉安；汤显祖纪念馆，在抚州；宋应星纪念馆，在奉新；八大山人纪念馆，在南昌。

■ 历代江西士大夫有大量著述，超越万部，尤其是著名人物的全集、文集、专集，在国内外广泛流传，真正是金玉满堂，目不暇接。

陶渊明纪念馆

欧阳修纪念馆

王安石纪念馆

宋应星纪念馆

曾巩读书岩

文天祥纪念馆

汤显祖纪念馆

朱熹纪念馆

黄庭坚纪念馆

八大山人纪念馆

建军圣地 豫章故郡
周朱率军 与民同住

■ 中国人民解放军的建军圣地，即是八一起义的英雄城市江西南昌。这里扼湘、鄂、闽、浙、粤水陆要冲，历来为兵家必争之地，名胜之区。

■ 指挥八一南昌起义的周恩来、朱德等共产党人、革命志士没有食宿在军营，而是住在老百姓家里。周恩来住在系马桩附近巷道的民居中，朱德住在花园角二号一处民房，周恩来从武汉至南昌的第一天就住在花园角二号的厅堂里。贺龙住在民德路与子固路交汇的一处传教士住宅，叶挺住在南昌心远中学的教学大楼前的房子里。

■ 江西大旅社，位于南昌市中心中山路西段的洗马池旁、万寿宫东侧。它是八一南昌起义的指挥中心。周恩来的办公室和临时住宿地均在大旅社会议大厅的一侧。大旅社临街而建，是一座灰色五层大楼，有九十六

江西旅社 指挥大营
八一高塔 起义标志

个房间，为当时南昌最宏伟高大的建筑物。现大楼院门前有陈毅的"南昌八一起义纪念馆"题匾。

■ 中华人民共和国成立后，在中山路东口，建有八一广场，宽敞宏伟，其南侧建有高举中国人民解放军军旗形象的八一南昌起义纪念塔，为八一起义的标志物，供人们凭吊瞻仰。

八一起义前夕，周恩来到南昌第一天的住址（花园角二号的朱德旧居）

朱德军官教育团旧址（八一大道北段）

jiangxi zange siyanyunwen

fengguangjingguan

南昌八一起义纪念馆(原江西大旅社)

八一起义叶挺指挥部旧址(现南昌二中内)

八一起义贺龙指挥部旧址(子固路中段)

八一南昌起义纪念塔

巍巍井冈 革命摇篮
八角灯光 星火燎原

大井小井 茅坪茨坪
五大哨口 铁壁铜屏

■ 1927年10月，毛泽东领导秋收起义部队进军湘、赣边界的井冈山，创建在中国共产党领导下第一个反帝反封建的人民民主革命根据地。

■ 八角楼，是一栋民居，楼上用木板围成一个八角形，以明瓦采光，立于茅坪村，当时属宁冈县，在井冈山西北麓，红军和湘、赣边界党政机关曾在这里驻扎。毛泽东有一段时间也在这里居住，指挥井冈山的斗争，并撰写了《红色政权为什么能够存在》《井冈山的斗争》两篇重要文献。在向赣南闽西进军、扩大革命根据地期间，在上述两文基础上，又撰写了《星星之火，可以燎原》一文，批评一些人的右倾思想。

■ 大井、小井、上井、中井、下井，为井冈山上的五处村落，是当时红军和湘、赣边界党政机关的驻地，五处山村都有革命旧址。毛泽东、朱德和红四军总部曾驻扎在

大井村。茨坪是井冈山中心的一个山间小盆地，海拔八百多米，南面即井冈山最高峰五指山，北面即黄洋界哨口，毛泽东和湘、赣边界党政机关、红军总部都曾驻扎在这里，现为井冈山主要观光胜地和活动中心。

■ 五大哨口，指茨坪、大小五井的井冈山核心地区外围的警戒要地，山势险峻，犹如铜墙铁壁。它们是黄洋界、朱砂冲、双马石、桐木岭、八面山。

■ 随着八一起义枪声的响起、党的八七会议的召开、井冈山革命根据地的建立，毛泽东在总结各地武装起义和开辟农村根据地经验基础上，提出"工农武装割据"理论。至1930年夏，农村革命根据地已建立了十几块，分布在十余个省。1931年11月，中华苏维埃第一次全国代表大会在瑞金召开。毛泽东代表中共苏区中央局向大会作报告。大会通过了《中华苏维埃共和国宪法

毛泽东茅坪八角楼旧居内景

毛泽东大井旧居

红都瑞金 苏区中心
沙洲叶坪 发号施令

大纲》、《土地法》、《劳动法》、《关于经济政策的决定》
等法令,选出毛泽东、周恩来、朱德等六十三人组成的
临时中央政府执行委员会,宣告中华苏维埃共和国临
时中央政府成立。当时革命根据地的党政军机关先后
设置在瑞金的沙洲坝村和叶坪村,中央苏区和红军总
部的号令,都从这里发出。

永新三湾改编旧址

瑞金中华苏维埃共和国临时中央政府大礼堂旧址

瑞金红军烈士纪念塔

井冈主峰

井冈云海

茨坪西南笔架山孔雀峰

大井田园

五百里井冈，峰峦岭嶂，奇峰挺秀，革命遗址和绚丽风光相互辉映，浑然一体

茨坪西北水口彩瀑

五大哨口之一——黄洋界

井冈山会师广场

井冈山雕塑公园

宁冈龙江书院

茨坪南五马朝天山下古衍庆桥

江西赞歌

风光景观

四言韵文

四山一湖　蔚为大观
匡庐奇秀　甲天下山
五老环峙　三叠飞泉

东林虎溪　秀峰龙潭
白鹿濂溪　醉石桃源
牯岭别墅　玉宇高寒

■ 白居易（772—846），字乐天，晚年号香山居士，山西太原人。唐德宗贞元十四年（798年）进士。因直言敢谏，触犯权贵，被贬为江州司马。在江州期间，往庐山游览，爱其风光　于北香炉峰筑草堂休闲，其《庐山草堂记》说：“匡庐奇秀甲天下山。”又说：“（草堂）前有乔松十数株，修竹千余竿，青萝为墙垣，白石为桥道，流水闻于舍下，飞泉落于檐间。绿柳白莲，罗生池砌……平生所好，尽在其中，不惟忘归，可以终老。”《庐山草堂记》是中国园林学的开创、奠基之作，历来被园林学家视为瑰宝。

■ 周濂溪（1016—1073），名敦颐，字茂叔，湖南道州人。他长期在江西做官，爱慕庐阜山水，在庐山北麓莲花峰下筑濂溪书院，授徒讲学，并从此自认为江西九江人。他是宋代著名哲学家、教育家、中国理学奠基者。著有《太极图·易说》、《易通》、《爱莲说》等。他的墓在九江莲花乡栗树岭，上书“元公周濂溪夫子墓”。

■ 庐山别墅始建于清光绪二十一年（1895年）。英国传教士李德立依仗英国侵略者势力，迫使清政府让步，签定《牯牛岭案十二条》，将庐山牯岭东侧长冲土地永远租给英国人李德立建屋避暑，每年出租钱十二千文。李德立将长冲土地以三亩七分划为一号出售，售价三百元。数年间，又将长冲及下冲、草地坡、猴子岭等处多

白居易草堂

五老峰海会寺

文化景观 世界遗产

块土地租给李德立。接着，俄、法、德、美、日等十余国，均在庐山强租山地草坡，建屋避暑。十余年间，建筑各国式样的山间别墅近千栋，庐山遂成为世界列强的避暑胜地，牯岭一带商店林立，也成为山中城市。

■ 庐山冬季，最冷为 1 月份，平均气温为摄氏零点六度，比九江市低三至四度。庐山全年有霜期约一百余天，11 月下旬开始早霜，3 月上旬还有晚霜，比九江市多三十至四十天。陶渊明诗说："山中饶霜露，风气也先寒。"大雪时铺琼砌玉，素裹银装，又是一种迷人景致。

■ 1996 年 12 月，联合国教科文组织世界遗产委员会批准庐山为"世界文化景观"，列入《世界遗产名录》。

白鹿洞书院

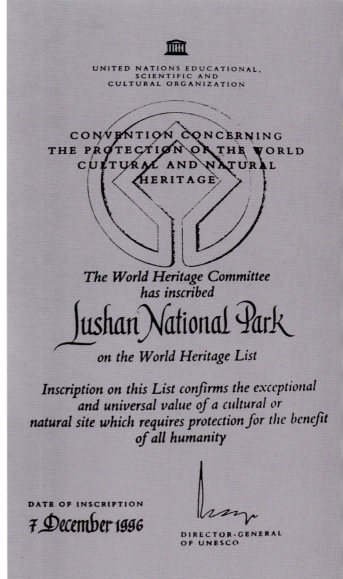

庐山自然与文化遗产证书

庐山云海

玉宇高寒

牯岭

如琴湖畔别墅

北枕万里长江、南怀千顷鄱湖的庐山，自然风景中峰、泉、云、石，清奇灵秀，雄峻高逸；人文景观中观、堂、寺、院，无所不备，内涵充实，无愧为"世界文化景观"

三叠泉

江西贯影

风光景观

四言韵文

雄踞鄱阳湖出口处的石钟山

石钟天险　泰山敢当
东坡探秘　内虚外刚
北控皖鄂　南锁闽粤

■ 苏东坡（1037—1101），名轼，字子瞻，四川眉山人。宋仁宗嘉祐二年（1057年）进士。北宋中期文坛领袖，唐宋八大家之一。在送儿子苏迈赴德兴县任县尉时，途经鄱阳湖，至湖口石钟山，对石钟一名的来历，对前人《水经注》作者郦道元和江州刺史李渤的解释感到疑惑，决心冒险，亲自乘小舟，于夜间往水中考察，发现石钟之鸣，是石中存有空隙，水在空隙中与风石相激所致，纠正了"郦道元之简"和"李渤之陋"，高兴地笑着对儿子苏迈说："事不目见耳闻，而臆断其有无，可乎？"于此可见苏东坡的实事求是和实践第一的精神。

■ 鄱阳湖和长江交汇一带，形势险要，历来为兵家必

1
3
2

江西赞歌·四言韵文·风光景观

环绕九江城南的甘棠湖和湖中小岛上所建的烟水亭

兵家必争　湖口之域
烟水浸月　亭翼甘棠
琵琶一曲　千古绝唱

彭泽龙宫　怪石嶙峋
钟乳欲滴　如灯高悬

争之地。如三国周瑜，据此督练水师，抗拒曹操。东晋南北朝，九江、湖口为防守长江上游的重地。南宋岳飞在沿江布防，抗击金兵。朱元璋在进攻北京，推翻元朝之前，先与陈友谅在鄱阳湖大战，争夺湖口、九江。清代，洪秀全与曾国藩反复在鄱阳湖开战。抗战时，日本侵略军占领上海、南京后，进攻马垱、彭泽、湖口、姑塘，夺取鄱阳湖，为其进犯退守武汉的国民政府控制战略要地。由此可知：谁据有九江、湖口、鄱阳湖地区，谁就可横截长江，扼控川鄂，席卷三吴，逐鹿中原。

■ 白居易任江州司马时，一天夜间到浔阳江头送客，正在分别之际，忽然听见水上有弹琵琶的声音。白居易邀请这位弹琵琶的歌女参加他的饯别宴会。宴会上，琵琶女表现了惊人演技，博得满座好评。白居易询问这位歌女的身世，歌女诉说了她的不幸遭遇，更加引起大家的同情。白居易据此写成长诗《琵琶行》，白居易最后在诗中说："座中泣下谁最多，江州司马青衫湿。"这首六百一十六言的长诗，充分表达了诗人对琵琶女的深切同情。全诗形象优美生动，语言铿锵明快，感情哀怨凄婉，给人强烈感受。琵琶女的沦落风尘，触发了诗人自己的政治伤感，因而发出了"同是天涯沦落人，相逢何必曾相识"的慨叹。

为怀念白居易创作《琵琶行》在浔阳江头修建的琵琶亭园，园内入口处有毛泽东手书《琵琶行》诗碑

彭泽龙宫洞

秋水长天 落霞孤鹜
扁舟帆影 一叶归渔

芦洲荻港 候鸟呼雏
黄鹤黑鹳 漫天飞舞

■ 鄱阳湖碧波浩渺,一望无际,为我国最大淡水湖泊。盛产鲢、鲤、鳊、鲩等鱼类,所产鳜鱼、银鱼、甲鱼、螃蟹等尤为珍贵。一年四季,沿湖各县渔民忙于养殖捕捞,风帆点点,蔚为壮观。

■ 鹜,即鸭,古时也泛指野鸭。"落霞与孤鹜齐飞",是王勃《滕王阁序》中的名句,这里是指野鸭。

■ 鄱阳湖地区无霜期长,一年多达二百六十余天,水草丰盛,湿地广阔,环境优美,为越冬候鸟重要的栖息地。每年冬、春季节,候鸟多达上百万只,近一百个种类,其中白鹤、黄鹤、黑鹤、朱鹮、天鹅等十余种一级重点保护野生珍禽,约一万只。一次观察到的最大鹤群最多达二千六百五十三只。它们在湖天之间翩翩起舞,诗人叹曰:"鹤飞千点白,日没半轮红。"

■ 候鸟,指随季节不同作定时迁徙而变更栖息地区的鸟类。如夏季在北方繁殖,秋季飞临某一地区越冬的鸟类,称"冬候鸟",在我国境内越冬,包括到鄱阳湖地区越冬的多种雁鸭类鸟类,都属这类候鸟。

■ 鹤,大型涉禽,外形像鹭或鹳。喙、翼和跗蹠很长,但足趾短,后趾部位高,与前三趾不在同一平面上。活动于平原水际和沼泽地带,食各种小动物和植物。在我国有丹顶鹤、黄鹤、灰鹤、蓑衣鹤等。古人有"鹤寿千年"、"鹤寿千岁"、"松鹤延年"、"龟鹤延年"等吉祥和祝寿用语,这是因为鹤的寿命长的缘故。

■ 鹳,形似鹤,嘴长而直,翼大尾园,飞翔轻快,活动于溪流湖边,喜食鱼、蛙、蛇和甲壳类,有黑鹳、白鹳等种类,都在我国北方繁殖,至长江流域以南越冬。

一叶归渔

鄱阳湖湿地

漫天飞舞

四言韵文

风光景观

龙山虎山　魔井大钟　　象山马岩　百鸟朝凤

仙岩水岩　云锦屏风　　青溪碧流　赤崖丹枫

金枪玉女　七星凌空　　宋明画卷　丹青难穷

■ 鹰潭龙虎山上清宫中的伏魔井，已历有年岁。著名古典小说《水浒传》的第一回，即讲宋江等一百零八条好汉，均被镇压在伏魔井中。北宋仁宗皇帝派遣的钦差大臣洪大尉赶到龙虎山，为京师瘟疫盛行，求张天师虚靖先生(张继先)禳灾除疫。洪大尉在伏魔殿中观赏时，擅自揭开伏魔井盖，冒出一缕黑烟，直冲云霄，放走宋江等一群好汉。从此，群雄聚义梁山，行侠仗义，劫富济贫，替天行道，演绎吕可歌可泣的梁山泊众豪杰的传奇来。

■ 悬棺，指龙虎山风景区泸溪河畔，仙岩、水岩等临水屹立的悬岩峭壁上的墓葬群，民间俗称仙人城。岩墓的存在，与道教无关，它们的存在比张道陵上龙虎山早近

千年。据考古工作者调查论证，龙虎山岩墓为春秋时代干越人的墓区，后来随着民族的迁移，还传布至南方各省区。龙虎山崖墓有一二百处，数量之多，全国第一。现仅考察了十八处，收集二百余件殉葬品，都是珍贵文物，属于一级者即有十三件。可谓中国时代最早、文物最多、规模最大、价值最高的崖墓群，其中还有许多奥秘等待人们进一步探寻。

■ 龙虎山是我国丹霞地貌发育最完全的地区之一，在这里建立"世界地质公园"有优越的自然条件和文化背景。

■ 夏言，为明世宗时内阁首辅，被他自己所提拔的严嵩害死。他的坟墓坐落在龙虎山上清镇对河桂洲村的

人间福地——龙虎山

峭壁悬棺 千年迷踪
上清古镇 夏言荒冢

上清宫一隅

田野中，明代百姓用泥土堆成一"U"形墓区，"U"字形两端建有亭台，供奉石碑，中间凹下处为墓葬，土丘栽培青松茂竹。亭台、坟墓、墓碑均毁于"文化大革命"，整个墓区只是荒冢一堆。亭中刻有文字的青石碑，一块已做铺路石，一块放置夏家后人小院中作台阶。因夏言无子，后裔凋零，今桂洲村仅有一户夏姓，为其侄系子孙，务农为生，暂时无力恢复墓区。

■ 国家建设部已将龙虎山列入首批"中国国家自然与文化遗产"预备名录。2007年3月25日，从北京传来喜讯，龙虎山申报"世界地质公园"，已通过国内评审。

碧水丹崖藏悬棺

天师府内大铜钟

上清古镇

泸溪河两岸的丹霞地貌,构成龙虎山一派奇山秀水、古树芳草、竹篱茅舍、扁舟野渡的风光,有村姑浣纱、渔夫垂钓、老翁扶杖、牧童横笛的情致,更有进入世外桃源的境界

弋阳圭峰 山峦出众
妙景丛积 互不雷同

巨石三叠 天现一缝
自然盆景 剔透玲珑

■ 弋阳圭峰，距弋阳县城十二公里处，山势奇特，风景绝异，有"小庐山"之称。其三十六峰，姿态各异。有巨石三叠，仅露一隙，可观天空。其岩石形状如龟，因此名为龟峰。又有山崖形如圭璧，如朝天之笏，因此，明代又称圭峰（即天柱峰）。整个圭峰地势，如一大型自然盆景，三五步间即换一景观，玲珑剔透，目不暇接。令游客流连忘返、乐不思归的景点还有"无声泉"、"四声谷"、"循外谷"、"望郎峰"、"天女散花"、"金线吊蛤蟆"、"老鹰戏小鸡"等。明崇祯九年（1636 年），徐霞客在他的《徐霞客游记·江右游日记》中记叙："贯心（寺僧号）出方丈中庭，指点诸胜。正南独高者为寨顶，顶石如鹦口，名鹦口峰，又名老人峰。上特出一圆顶，从下望之，如老僧南向，袈裟宛然，名为老人者以此。上振衣台平视，则其峰渐分为二，由双剑下窥，则顶若一叶缀起，其北下

之脊，一起而为罗汉，再起为鹦鹉，三起为净瓶，为北干最高脊，四起最北为观音峰，亦峭，此为中支，北与展旗峰对，楠木殿因之。从南顶而西，最峭削者为龟峰。三石攒立峰头，与双剑并峙。峰下裂隙，分南北者为一线天，东西者为摩尼洞。其后即为四声谷，从其侧一呼，则声传宛转凡四，盖以峰东水帘谷石崖回环其上故也。峰东最高者即寨顶。西之最近者为含龟峰……龟峰三剖其下而上，并双剑同本而两歧其顶，其南大书'壁立万仞'四字。"徐霞客对圭峰核心部分景点作了淋漓尽致的叙述。三百七十年过去了，圭峰的景色依然如徐霞客所描绘的那样，吸引着中外游人。山间夏季气候凉爽，原有佛教寺院、道教宫观，现建有疗养院、干部休养所、学校、宾馆、招待所等，为游览、休闲、避暑和学习的胜地。

巨龟问天

老人峰

自然盆景——圭峰全貌

群龟远眺

南岩寺

云际三清　岩石奇异
神蟒昂首　仙女凝睐

千层石级　明代遗迹
清奇灵秀　唯其兼备

■　三清山，一名少华山，为赣东北怀玉山脉的中段，在德兴、玉山两县之间，因山顶有玉京、玉华、玉虚（一说为玉清、上清、太清）三峰而得名。主峰玉京峰海拔一千八百一十七米，由梯云岭、玉京峰、三清宫、西华台、三洞口、玉灵观和石鼓岭七处景区组成，总面积二百二十九平方公里，核心景区七十一平方公里。据传东晋著名道士、医学家葛洪曾在此炼丹，遂为我国道教名山，有"天下无双福地，江南第一仙峰"之称。宋孝宗乾道六年（1170 年）建三清观（后称三清宫）于葛洪炼丹炉旧址。三清山以层峦叠嶂、绝壁悬崖、奇峰异石、云海变幻、飞瀑流泉、红映苍松而引人入胜。有"老子听经"、"三清列坐"、"观音听琵琶"、"狮子滚球"、"孔雀开屏"、"百鸟朝凤"、"三龙出海"、"神仙下棋"、"仙人指路"种种名目的形象，其中尤以"神蟒昂首"、"仙女凝睐"等天然景色叹为观止。其自然景观兼有泰山之雄、华山之险、黄山之奇、庐山之秀，清奇灵秀为其最大特色。人文景观有在山顶的三清宫、龙虎殿、飞仙台等，还有明代开辟的千层石级和山崖石雕，也为一大胜景。

■　三清山年平均气温在摄氏十至十二度之间，七月份平均气温接近二十二度。因此，三清山也是适宜人们休闲疗养的避暑胜地。

■　国家建设部已将三清山列入首批"中国国家自然遗产"预备名录。2007 年 1 月 30 日，三清山从全国一百多个世界遗产申报地中脱颖而出，作为我国政府 2008 年"世界自然遗产"唯一申报项目，向联合国教科文组织世界遗产中心正式提交申请。

三清宫

浓淡明灭，变幻莫测

雄奇险峻

jiangxi zange siyanyunwen

fengguangjingguan

仙女凝睇

石虎

三龙出海

神蟒昂首

三清山处处是大自然留下的仙迹神工，其清、奇、灵、秀可与黄山争胜。

观音听琵琶

仙境

群峰涌起

秀峰

赣州八境　台阁巍峨
章贡合流　宋城高耸
拜将台上　诗书朗诵

郁孤台下　江水淙淙
文武二庙　前呼后拥
福寿双沟　八达四通

■ 拜将台，为赣州知府文天祥于南宋德祐元年（1275年）起兵勤王，登台拜将时的高台。现在赣州的一处中学内，晨间常有学生在台上阅读诗文。

■ 辛弃疾（1140—1207），字坦夫，改字幼安，号稼轩，山东历城（今济南）人。年轻时，聚众二千余人参加济南耿京的义军抗金。在他去与南宋联系时，耿京被叛徒张安国所害，并劫持义军降金。辛弃疾获悉这一信息，率五十骑直入敌营，手缚张安国，号召上万士兵反正归宋。此时南宋为投降派秦桧等掌权，一意妥协求和，辛弃疾归宋后无所作为。他在任江西提刑时，写下了《菩萨蛮·书江西造口壁》这首词：“郁孤台下清江水，中间多少行人泪！西北望长安，可怜无数山。青山遮不住，毕竟东流去。江晚正愁余，山深闻鹧鸪。”表现出词人对北方大好河山的丧失，力求恢复，但壮志难酬的悲切之情。免官后，在江西信州闲住，墓葬在今铅山县境。

■ 福寿双沟，指赣州城古代的下水道建筑工程。在南朝梁元帝承圣元年（552年）开始建造古赣州城时，即建设了简易的下水道工程。至北宋熙宁（1068—1077）年间，知虔州军刘彝根据城区建设的街道，采取分区排水的办法，建成福、寿二沟排水系统。沟宽约二三尺、深五六尺，断面砖砌，上覆以石，有十二处出水口。根据力学原理，刘彝所建的水口闸门可利用河水的涨落自动启

八境台

宋代城墙

通天岩里 石佛端拱
山环水抱 气势恢宏

闭,不须人力。他在沿线挖掘众多水塘,与下水道相通,既起蓄水排水调节功能,以防暴雨成灾,又可利用池塘污水养鱼浇菜,一举数得,成为赣州城建设史上最早的污水综合利用工程,其作用一直延续至今。刘彝因善于治水,宋神宗将其召还京师,任为"都水丞"。

■ 通天岩,位于赣州西北郊,属丹霞地貌,有三坳四脊,十余处窟洞。自晚唐起,有石龛造像四百一十躯,摩岩题刻一百二十八品,为全国文物保护单位,江西唯一的摩岩石刻群。

辛弃疾塑像

通天岩

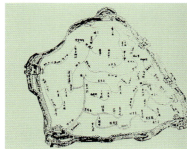

福寿双沟示意图

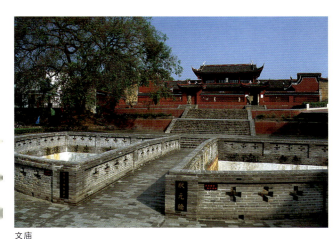

文庙

郁孤台

章江和贡江于赣州汇合为赣江，其上游沿岸群山如黛，林木葱翠，多溪山幽谷；中游多礁石险滩，尤以万安"十八滩"最为著名；下游地势低平坦荡，为风光绮丽的鱼米

，赣江两岸无处不是人们寻根、访古、探幽、览胜的好去处

宁都翠微　突兀苍穹
金精胜概　岩穴烟笼

梅岭雄关　古道盘松
南枝竞秀　萼绿梅红

■ 彭士望（1510—1683），本姓危，以字行，号躬庵，又号树庐，南昌人。明崇祯十七年（1644年），清兵入关，追随兵部职方司主事杨廷麟抗清，转战九江、吉安、赣州各地。1646年赣州城破，杨廷麟殉国，彭士望避居宁都翠微峰，与魏禧兄弟等讲学于易堂，世称"易堂九子"。著有《手评通鉴》、《手评春秋五传》、《耻躬堂文集》、《耻躬堂诗集》、《树庐文钞》等。所撰《翠微峰记》载于《耻躬堂文集》。

■ 曾原一，南宋嘉定至嘉熙（1208—1240）年间在世，字子实，号苍山，宁都人。绍定四年（1231年）中举。历任承奉郎、南昌知县等。著有《苍山诗集》、《苍山曾氏诗评》。所撰《宁都金精山记》载《赣州府志·艺文》。

■ 梅关，位于江西大余县和广东南雄县之间的梅岭最高处，距大余县城约十五华里。关设在两道石壁的中间，筑有城楼，雄视两省。门楼右侧大石碑上刻有"梅关"二字，南门楼有石刻"南岭第一关"五字，北门楼有石刻"南粤雄关"四字，一步跨两省，形势险要。梅关建于北宋，于今有一千余年。因地处赣南，气候温和，每年入冬霜降，梅花盛开，满山清香，为大余一景，苏东坡、文天祥等历代名人学者在此均有咏梅诗篇。陈毅在赣南游击战争中曾有《偷渡梅关》诗："敌垒穿空雁阵开，连天衰草月迟来。攀藤附葛君须记，万载梅关著劫灰。"

■ 陈毅（1901—1972），四川乐至人。1919年赴法国勤工俭学。1922年加入中国社会主义青年团。1923年加入中国共产党。此后在北京、重庆、武汉从事党的工作。1927年，八一南昌起义后，率武汉中央军事政治学校干部和学员赶至抚州，与起义部队汇合，随后与朱德所部向粤、赣、湘边界转战。1928年，与毛泽东所率秋收起义

翠微峰

金精山

寻乌安远 山泉喷流
直下东江 滋润港九

部队会师井冈山,先后任红四军第十二师师长、红四军军委书记。1929年,转战赣南闽西,为开辟中央革命根据地和发展工农武装作出了贡献。1934年红军长征后,留在南方,任中华苏维埃共和国中央政府办事处主任,在极端艰苦的条件下坚持了三年游击战争,支援了红军北上抗日,《梅岭三章》的诗篇为此时所作。

■ 寻乌县发源的寻乌河,安远县发源的镇江,均往南流,进入广东省的东江,为深圳、香港、九龙等地提供饮用水的资源。

梅关古驿道

珠江东支(东江)源头安远三百山瀑布

吉州白鹭　书院胜址
风月云章　庐陵才子

永和窑藏　山丘相似
其数几何　二十有四

■ 白鹭洲,位于吉安城东赣江中心,四面环水,洲上林木葱茏,景色生丽。南宋丞相江万里任吉州刺史时,创办白鹭洲书院,为江西三大书院之一,培养了文天祥、刘辰翁、邓光荐等大批人才。明代末年的《徐霞客游记》对书院的宏大规模和牌楼亭阁作了详尽的描写和热情的赞颂。至今仍有风月楼、云章阁等古代建筑,供游人观光瞻仰。

■ 约在唐代后期至五代时,吉州永和窑即有陶瓷生产。永和窑属民窑性质。至宋代,为其鼎盛时期。南宋末年,窑工万人随文天祥抗蒙,永和窑乃逐渐衰落。所产陶瓷以黑釉为主,以木叶、剪纸、彩绘、洒彩、剔花、印花等纹样装饰,所取花色图案多反映百姓生活和民间习俗,因而新颖质朴,清晰明朗,自然生动,恍若天成。历代所遗窑包窖藏,多达二十四处,犹如山丘,为永和

镇一大景观。永和窑现为国家重点文物保护单位。

■ 武功山位于江西省西部,安福、萍乡、宜春交界处,是罗霄山脉重要组成部分。明代万历辛巳年(1581年)张程纂修的《武功山志》记载:“武功山高逾三十里,根盘八百里,最高处曰金顶(即白鹤峰)”。白鹤峰海拔一千九百一十八米,为武功山最高峰。上有葛仙坛、白鹤寺、观日台、求嗣坛等古迹。还有石笋崖、明月山、“鸡婆进笼”崖、“仙猴望月”崖、“天心瀑水”崖、香炉峰、迎客松等景点。山巅草甸,上接云天,蔚为壮观。国家建设部已将武功山列入首批“中国国家自然和文化遗产”预备名录。

■ 张华(232—300)为西晋大臣,学识渊博,著有《博物志》。“八王之乱”中,为赵王伦所害。据传他夜观天象,发现东南有紫气上冲斗牛之间,找南昌人雷焕询问,雷

白鹭洲书院风月楼

碧草连天　武功山巅
太阿龙泉　丰城古剑

焕说是"宝剑之精,上彻于天耳"。张华又问雷焕,宝剑在"何郡"?雷焕说"在豫章丰城"。于是张华请雷焕任丰城县令,前往丰城寻找宝剑。雷焕上任后,在丰城县监狱墙基下,掘地四丈余,得一石涵,内藏两柄宝剑,一名龙泉,一名太阿。当夜,即不见紫气在斗牛之间。雷焕将一剑送给张华,一剑自带。后两剑均遗失。

清道光年间,丰城县丞建剑光亭安放龙泉、太阿剑匣。图为今重建之亭

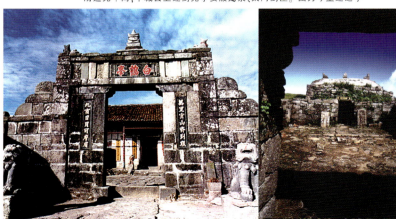

武功山白鹤寺和金顶庙

武功山草甸

江西贊歌 四言韵文

风光景观

赣式民居 牙檐峥嵘
富商显宦 豪宅云从

客家围屋 坞堡传统
徽派建筑 傅粉美容

■ 江西古村民居建筑，多为两层，上层藏物，下层住人。大都青砖灰瓦，木架结构，石料为门，附设庭院。富豪者还横联纵进，或旁加侧屋，后带倒厅，其左、右两侧砖墙还筑有马头墙，也称风火墙，比屋面灰瓦高出数尺，既可防风，又可防火，牙檐高啄，蔚为壮观。明式建筑大门设在一旁，呈"品"字形厅堂。清式建筑大门改置中央，呈"口"字形厅堂。全省古典村落，基本为三种类型，一是前人攻读致仕的古村，多有巍峨宏伟的祠堂，宽敞精美的宅第，装饰优雅的书院、学馆、花园等，更有塔、桥、坊、旗杆石，以及匾联、石刻、名树、花卉、墨迹等。二是前人经商致富的古村，它多建有若干大小、风格、式样、规桴一致的住宅，有四栋、六栋、八栋，多至三四十栋不等；它们有围墙联接，自成院落，甚至有村墙保护，墙外引溪水围绕，形成护村河，村庄内外广植林木、浓阴遮天，风景优美。三是聚族而居的古村，一个大门进去，周遭为高大砖墙包围，里面千门万户，四通八达；围墙之内，住着一个祖宗所繁衍的数十百户人家，说是一村，实为一家。这类围屋，一般称之为大屋。另一种围屋，中置巨大天井，四周建有住房、厅堂、厨房、仓库等。其外形有方有圆，也有长方形和不规则形。大屋、围屋四周均建有岗亭、碉堡、望眼，墙外绕以溪水或人工护村河，以加强保护。这类封闭性很强的村落为避战乱和防盗匪所建，多在沿边山区和赣中、赣南等地，近似北方坞堡传统，大都为客家人所居。江西也有少量徽派建筑，屋外以石灰粉墙，屋内多有雕刻装饰，更显富丽优雅，婺源、浮梁、德兴、乐平等地多有此类建筑。江西省的流坑村、渼陂村、理坑村、瑶里镇，为江西古村镇的代表，于2003年和2005年先后获全国历史文化名村、名镇称号。

赣南建筑面积最大的围屋——龙南关西围

乐安流坑 天下所宗
千古第一 应以为荣

■ 乐安县流坑村始建于五代南唐,全村姓董,自认为汉代大儒董仲舒的后代。现全村有八百余户,五千余人。一千余年间,流坑村的前五百年靠科举,后五百年靠工商。全村共有进士三十四人,举人七十二人,文武状元各一人,在朝廷任职者也多,官阶最高的是参知政事董德元,还有尚书董敦逸、董裕,御史董雪峰,知府董燧等多人,任知县者有四十多人。明清时期利用乌江上游森林资源,经营竹木生意,发财致富,一直延续至清朝末年。村中现有民国以前建筑五百余栋,其中明代二十余栋,清代二百六十余栋。有祠堂五十余座、书院、学馆二十八所。大多数建筑均有匾额对联、绘画雕刻,现存匾额、题榜五百五十余方,楹联七十二对,多为名家书写。流坑村是江西古村的代表,也是中国古代文明的典型,已被批准为国家重点文物保护单位和国家历史文化名村,现正积极申报世界文化遗产。

三合土筑墙的龙南里仁沙坝围

建于明万历年间的龙南杨村东水河乌石围

建于清顺治、康熙年间的龙南杨村鲤鱼寨燕翼围

国家历史文化名村——婺源理坑村

赣县白鹭村

国家历史文化名村——吉安青原渼陂村

江西古村镇一览图——这里有中国古代第一流的民居建筑，能掂量到中国历史文化的沉重分量，是研究中国封建社会发展的"活化石"

广昌驿前镇船形屋

吉安白沙镇邓家大屋

婺源延村

丰城白马寨

铅山河口镇

安福古村

千古第一村

流坑村全貌

"千年古村今无恙，山环水抱蕴明珠"、"山水抱流坑，明清活化石"、"千古第一村"，分别为文物专家罗哲文、建筑专家郑孝燮、国家文物局局长张文彬考察流坑村后的评价

流坑村文馆内景　　　流坑村状元楼　　　流坑村翰林楼

流坑村"理学名家"和"高明广大"坊

流坑村麒麟厅天井照壁上的石雕"麒麟望月"　　流坑村现存一百八十八方此类木质匾额　　流坑村大宗祠仅存五根

遍布流坑村的古建、雕刻、绘画、匾联,让观光游览者"瞻之在前,忽焉在后","山阴道上,应接不暇"。中世纪的一个偏僻山村,能创造如此灿烂的文明,这是历史的奇迹

流坑村鹅卵石巷道

状元楼内，凭栏远眺，感慨人世往事

珠山明清御窑遗址

景德镇陶瓷博物馆内景

龙珠阁

仿古作坊

瑶里镇

高岭村

景德古镇 世界瓷都
明清御窑 珠山龙阁

瑶里高岭 原始古朴

■ 景德镇生产陶瓷的历史长达两千年，所谓"新平冶陶，始于汉世"。新平是景德镇最早的名称，约在东晋(317—420)年间确定。景德镇因位于昌江之南，古代在很长时间称昌南镇。英语中的 China 一词，即是"昌南"的英译，所以 China 的词义既是"瓷器"，又是"中国"。古代中国瓷器外销东洋、西洋、南洋各国，从唐、宋以后，即以景德镇瓷为出口外销的大宗；明代创建御窑后，景德镇瓷更为精美，为全球制瓷业中心，景德镇遂为世界瓷都。

■ 原来各朝的景德镇官窑，只负责某种程度的管理和收购，并不经营陶瓷的具体生产。及至御窑设置后，负责具体生产，实际是皇家设置的规模庞大的制瓷工场(厂)。御窑在景德镇市中心的珠山，山岭平地突起，虽是一座不太高的山，登临其上，全镇风光也尽收眼底。唐代时，相地者称珠山为"地绕五龙"，正式取名为"珠山"。明代朝廷看中珠山乃形胜之地，在珠山之南设御器厂，珠山遂成御器厂的镇山，有镇压群邪、威镇一方的含义。御窑前庭后园，两侧为作坊、窑址，厂后高阜山巅筑一亭，明代题额"兀然"，清代改为"化绩"，近代将亭扩充，称为"龙珠阁"，为御窑胜景，景德镇代表性古典建筑。

■ 景德镇东北六十公里的瑶里镇，也即窑里镇，是景德镇古代的重要窑场之一。其东侧的高岭村，丘陵起伏，盛产瓷土，称高岭土，是制造瓷器的主要原料，以洁白、细腻、耐火度强而著称于世。瑶里镇西侧的绕南村，詹姓，与婺源詹天佑同宗。村旁有制瓷土、瓷釉的水碓、窑场等遗址，风光秀丽，原始古朴。四周林木茂盛，大批原始森林郁郁葱葱，盛产野菜、木耳、香菇等植物山珍，味道纯正鲜美，深受海内外观光者欢迎。高岭—瑶里已列入"中国国家自然与文化遗产"预备名录。

水碓

瓷都码头之夜

青花云龙纹带盖梅瓶(元)

青白釉孩儿枕(南宋)

白釉三壶连通器(明)

斗彩番莲福寿纹葫芦瓶(清)

景德镇窑天下闻名,青花、青花玲珑、粉彩、颜色釉等传统名瓷的"白如玉、明如镜、薄如纸、声如磬"特色,更是家喻户晓。这组图片,展示的是景德镇历代精品瓷的一部分

里红开光花鸟纹罐(元)

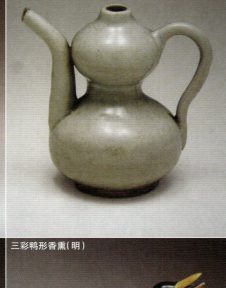
卵白釉葫芦注(元)

青花锦地垂地莲纹折沿盘(明)

花莲托八宝纹僧帽壶(明)

三彩鸭形香熏(明)

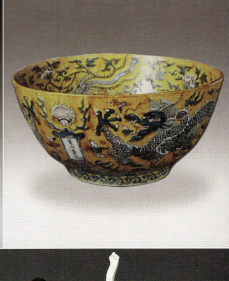
素三彩龙凤牡丹纹大碗(明)

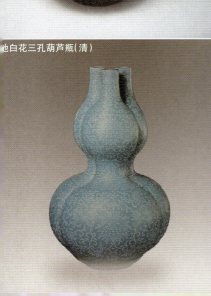
也白花三孔葫芦瓶(清)

美女图(现代)

西山南浦　朝云暮雨
滕王高阁　俯临江渚
孺子亭前　高风仰慕

笙歌盈耳　朱权王府
赣江东岸　娄妃之墓
百花洲畔　游人如堵

■ "西山南浦,朝云暮雨。滕王高阁,俯临江渚"句,出自王勃《滕王阁》诗,其诗云:"滕王高阁临江渚,佩玉鸣銮罢歌舞。画栋朝飞南浦云,朱帘暮卷西山雨……"南浦,指滕王阁以南、抚河东侧河滨,在南昌老城桥步门外,今为抚河路抚河桥附近,有白居易、王安石、文天祥等名人的凭吊诗词。西山,在南昌赣江以西,风光尤以梅岭为佳。

■ 孺子亭,坐落在南昌市中心东侧西湖南岸的孺子亭公园,为纪念东汉高士徐稚而建。园内湖光水色,红花绿树,风景秀美。园外有孺子路。

■ 明代宁王朱权府第,在南昌市西侧的章江门内章江路,占地九十九亩,内有当年宁王府遗留的明代建筑、凉亭、假山、照壁、通道及娄妃"屏翰"二字遗墨等。宁王朱权喜好音乐、戏剧,并有这方面著述流传。清代改为江西藩台衙门,后为南昌市政府、江西省文艺学院,现为江西省京剧团、江西省话剧团、江西省歌舞剧院所在地。

■ 娄妃,为宁王朱权曾孙宸濠之妻。自幼"有贤声",其诗"风秀可诵"。娄妃得知宸濠兵败被杀,投赣江自尽。葬于赣江东岸德胜门外隆兴观侧,清代有人立碑,刻"前明宁王庶人娄氏贤妃之墓"。"文化大革命"中娄妃墓被毁。

滕王阁

观光胜景 目不暇接
日丽风和 地灵人杰

梅岭春浓

■ 百花洲,位于南昌市中心东侧东湖旁的状元桥和三道桥之间,共有三洲组成。二洲在今八一公园内,一洲为省图书馆、南昌市少年宫所在地。一泓湖水荡漾,三洲花卉鲜美,景色绝佳,四周还有古代遗址苏圃、状元桥、水木清华馆、约鸥榭、冠鳌亭,另有叶挺指挥部、蒋介石南昌行营等古代典雅建筑和近代楼房庭院,供游人观览。"豫章十景"中的"东湖夜月"、"苏圃春蔬"均在此间。原有"四照楼"酒家,濒湖傍洲而建,楼中饮宴,可览四面风光,生意极为兴隆,今已不存。

乐祖洪崖

孺子亭

今日南浦

象湖

玉带河

城在湖中，湖在城中，赣江穿城而过，玉带河环绕全城，南昌城真可谓一颗"绿色明珠"

青云谱八大山人纪念馆

青山湖

绳金塔

秋水广场

秋水广场之夜

位于赣江西岸的红谷滩新区,为南昌市政治、经济、文化中心,良好的自然环境与和谐的人文氛围,展现着勃勃生机

红谷滩

一江两岸,社会经济与生态环境和谐发展

跋

诚如唐代诗人王勃所说，江西"物华天宝，人杰地灵"。根据考古发现，在一万年以前，江西大地上已有人群活动，所以，江西至少有一万年的人文史。到四五千年前，赣北、赣中已有多处人类活动的遗址，历年发掘的遗物，已知当时人们具有可观的生产和生活水平。至三千年前，江西的陶瓷、青铜器与玉器已可与中原的同类产品相媲美。在秦始皇统一中国后，江南与中原的关系日益密切。尤其是北方的多次战乱，北人纷纷南迁，将北方先进的经济文化携入南方，江西天时地利人和，与北人相结合，遂有隋、唐以后的兴旺发达，至宋、明时期而达于鼎盛。这期间，无论经济，还是人文，在全国可与最发达的省区并驾齐驱。

中华人民共和国成立后，江西发生了翻天覆地的变化，取得有史以来从未有过的进步。党的十一届三中全会以来，江西和全国一样，改革开放，经济发展，各项事业，突飞猛进。近几年，更加急起直追，日新月异。我们如要把这一切叙述清楚，说说一万年以来的发展过程和它的伟大成就，那就非有鸿篇巨著不可，这里以四言韵文的方式，用二千四百言来表达，已是浓缩再浓缩不过了。

这篇韵文，分为自然环境、悠久历史、物华天宝、人杰地灵、风光景观五个部分，而以历史、人文、景观为重点。除韵文外，配有五百多幅图照，四万余字说明。希望关心江西的海内外朋友和我们江西老表能够读读，借此了解江西、认识江西、熟悉江西，进一步热爱江西，从而愿意为振兴江西贡献力量！由于江西历史发展的悠久厚重，经济文化内涵的丰富多彩，自然人文风光的优美典雅，近现代革命建设的错综复杂和飞速发展，二千四百言实难概括得了，因此，挂一漏万，沧海遗珠，在所难免；而押韵要求准确，又不重复，也非易事，这就要衷心欢迎专家、读者多多批评指正。

江西是我的父母之邦，我自幼在江西长大，我的祖先在五代南唐为避战乱由北方迁至江西的吉州，生息繁衍一千余年，后人现分别居住在吉安数县，已有人口数万。这个千年情结，使我生下来就依恋江西，钟情江西，喜欢江西，总想做点力所能及的工作。我们看到，古老的江西是那样光辉灿烂，彪炳史册；而今天的江西正阔步前进，中部崛起。我们没有理由不为江西大唱赞歌，祝愿江西高歌猛进！在中国共产党领导下，为早日实现和谐安定的小康社会和社会主义的现代化建设目标而共同努力奋斗！

还在1984年间，当时的省委第一书记白栋材同志和省长赵增益同志，要我牵头邀请几位专家学者编撰一本如千字文那样的三言或四言韵文，用以引导、教育青少年和具有初中以上水平的工农群众，为振兴江西多作贡献。经数年耕耘，在1988年编写成《爱我江西·四言韵文》，企求为吸引外资、发展旅游、推动江西的改革开放和经济建设服务。当时编写的《爱我江西·四言韵文》为三千字，一万余字注释和十余幅图片。1990年，由江西教育出版社正式出版，前后发行五万余册。参与撰写的专家学者，有该书副主编姚公骞、陈星和编委宋质奎、黄长椿、徐高祉、李希文、王国兴、李天白等同志。这次撰写的《江西赞歌·四言韵文》，引用和参考了这册《爱我江西·四言韵文》的成果。在《江西赞歌·四言韵文》编撰出版过程中，还得到了江西画报社陈晓璠和欧阳萍、省博物馆彭印硙和陈建平、省对外宣传办公室傅兴霖、省地方志办公室刘斌和李目宏、省电影制片厂张振平、南昌市博物馆赵德林等同志提供的许多精美的图片，特别是得到江西省出版集团领导钟健华、周文、缪兵、周榕芳，江西教育出版社负责同志傅伟中、杨鑫福，责任编辑何小来、黄友贤和张延等同志的热情指导和鼎力帮助，在此一并表示诚挚的感谢！

周銮书

2006年8月16日

图书在版编目(CIP)数据

江西赞歌·四言韵文/周銮书著.—南昌：江西教育出版社，2007.7

ISBN 978-7-5392-4683-3

I.江... II.周... III.江西省—概况 IV.K925.6

中国版本图书馆CIP数据核字(2006)第139032号

摄影、绘画作者

欧阳萍	陈建平	张新民	王光琪	郑精诚	曾本广	侯一民
黎冰鸿	李子青	李和才	张黎玥	戴志东	饶良平	王兆平
黄本贵	李科友	周 毅	张 延	郭建华	丘 玮	罗时运
张学武	李 青	周銮书	钟 敏	万闰宝	熊三仔	程新坤
毛 静	钟兴宁	(尚有部分作者姓名、地址不详，请与本社联系)				

策　　划　　傅伟中
责任编辑　　何小来　黄友贤　张　延
责任校对　　罗小丽
责任印制　　邹江平
装帧设计　　张　延　黄友贤
电脑制作　　黄丹丹

江西赞歌·四言韵文

作　者　　周銮书/著　欧阳萍等/摄影
出　版　　江西出版集团·江西教育出版社
社　址　　南昌市抚河北路291号
邮　编　　330008
URL　　http://www.jxeph.com
E-mail　　jxeph@public.nc.jx.cn
发　行　　新华书店
印　刷　　深圳当纳利印刷有限公司
版　次　　2007年7月第1版
印　次　　2007年7月第1次印刷
开　本　　889毫米×1194毫米　1/24
印　张　　8
ISBN　　978-7-5392-4683-3
定　价　　160.00元